Corporate Religion

[丹]杰斯珀·昆德 著 阿弥译

公司精神

塑造个性、精神与灵魂，建立一个强大的公司

华夏出版社

图书在版编目（CIP）数据

公司精神：塑造个性、精神与灵魂，建立一个强大的公司/(丹)昆德著；阿弥译.
—北京：华夏出版社，2013.9
书名原文: Corporate Religion
ISBN 978-7-5080-7682-9

Ⅰ.①公… Ⅱ.①昆… ②阿… Ⅲ.①公司—企业管理 Ⅳ.①F276.6

中国版本图书馆CIP数据核字(2013)第136530号

Corporate Religion
Copyright © Jesper Kunde
All rights reserved including the right of reproduction in whole or in part in any form.
This edition published by arrangement with Portfolio, a member of Penguin Group (USA) Inc.

版权所有，翻印必究

本书中文版权由北京掌娱互动文化传播有限公司所有
国家版权局著作权登记号：国作登字-2013-A-00081838

公司精神：塑造个性、精神与灵魂，建立一个强大的公司

作　　者	[丹]杰斯珀·昆德
译　　者	阿　弥
文字编辑	王占刚
运营推广	北京掌娱互动文化传播有限公司　悦读客
出版发行	华夏出版社
经　　销	新华书店
印　　刷	三河市李旗庄少明印装厂
装　　订	三河市李旗庄少明印装厂
版　　次	2013年9月北京第1版　2013年9月北京第1次印刷
开　　本	720×1030　1/16开
印　　张	16.5
字　　数	200千字
定　　价	39.00元

华夏出版社　网址：www.hxph.com.cn　地址：北京市东直门外香河园北里4号　邮编：100028
若发现本版图书有印装质量问题，请与我社营销中心联系调换。　电话：（010）64663331（转）

公司精神

建立稳固的市场地位意味着消费者不再只需要简单的产品,而是对公司及其品牌的信誉和可靠性提出更高的要求。未来的赢家将是那些能够应对这一变革并实施相应有效战略的公司。

有共同的愿景目标以及对公司精神的忠实信仰才能产生伟大的公司。管理者必须将其组织统一在一个坚定的意念和共同的愿景下,并在此基础上推行相应的管理,这势必会对公司及管理者提出更加苛刻的要求。在未来的公司内,只有信奉者生存的空间,却没有彷徨犹豫者立足的余地。

领导风格以及赢得未来市场地位所必须具备的因素。公司员工们拥有成为站在最前沿领导全体成员奔向未来的领导者的权力，而没有任何信仰，只是敢想敢做的领导者，是不可能对未来作出明确规划的。

内部到外部一体化创造了内部文化与外部定位之间的联系，并巩固了已有的市场地位。"公司可以被看做是人，其重要因素在于：我们如何认识自己，他人如何评价我们，以及我们希望他人如何评价自己，相互独立的这三个方面越是和谐一致，我们就越强大、越团结、越稳固。"

理念在公司内的实施需要时间和详细的步骤。为了说明应如何安排行动实施的过程，书中给出了几个模型、12个案例以及一张"时间表"，失去强有力的运作手段，你无法建立稳固的公司精神。

推荐序

公司精神才是基业长青的密码

北京大学国家发展研究院·国际MBA项目（BIMBA）国际院长 杨壮

因为时代不同，今天的商业界出现了明显的变化趋势，最明显的在于如今作出决策的环境与过去有很大不同，在现今这个世界里面真正要做到决策的准确性、事业的清晰性、使命的一致性很难，因此在这个过程中，一个公司的精神、核心理念、专注的文化以及公司领军人物的视角和格局就变得尤为重要。

事实上，世界这种快速的变化使得很多企业家的视角和格局显得不足，使得很多人被市场所迷惑，像乔布斯这样能够真正看清变化并准确应对的领导者越来越少了。

以手机市场的几家公司为例，我们可以深刻地看出这种变化。一度在手机市场占有最大份额的诺基亚公司就曾自负地认为手机就是完全为了通讯而用，它忽视了手机的智能性发展，最终在今天丧失了市场地位。而苹果却异军突起，成了手机市场的领头羊。和诺基亚遇到同样问题的公司是索尼，创新上一直领先的索尼公司在互联网出现之后变得不知所措，没有真正从它传统的产品思路中脱离出来。黑莓也因为这样的原因，从智能手机市场过去的70%变成百分之十几了。深陷这样困局的还有摩托罗拉。

苹果的成功改变了我们所有人的思维模式，证实了在这种变化的趋势之下，德鲁克当年所说的"做正确的事情比正确地做事要重要得多"的论断依然是金科玉律。

曾经有人谈过，HTC可以在智能手机市场与苹果抗衡，确实，HTC是一个有竞争力的产品，但不幸的是，面对苹果在组织文化品牌方面强大的实力，HTC现在也动摇了，HTC和苹果相比，公司精神还是不够的，为什么买HTC，用户常常不知道。可以说相对于苹果而言，HTC缺乏一种使命，缺乏一种改变人类生活方式的远大目标。在这样的情况下，它如何与苹果公司去抗衡？

最后我们再关注微软，我预计英特尔可能在今后5至10年就会消亡，因为面对现在整个互联网的变化，它无法转变。和英特尔一样，微软也将面对这样的挑战。这些老牌的企业所遇到挑战说明了什么？说明在当今世界一家企业如果在这种变化中，企业的首席执行官、企业的高管，没有一个信仰或精神，没有一个格局，没有一种价值体系，那么企业就很可能误入歧途。什么是价值体系，有人说价值体系是让人选择放弃什么东西，但是我给它的定义就是选择的排序，如果没有价值体系，没有精神的话，面对所有变化，今天关注这个，明天关注那个，后天关注这个，到最后一定会出问题。

在我们讨论的企业中哪家有公司精神？第一家是苹果，这毫无疑义，第二家是跟苹果竞争的三星，当日本企业全部都亏损的时候，韩国的三星在赢利，它为什么这样呢？因为三星自始至终都在做一件事情，那就是创新，除了创新，三星一直保持一种高度的忧患意识，我们看到三星挣这么多的钱，但它却还认为自己处于危机最严重的时候，为什么呢？因为三星的智能手机在它全部收入中占了70%，三星一直在考虑如果智能手机市场出现问题该怎么办？

开放一点看，谷歌也是一家有公司精神的公司，谷歌在整个发展过程中思维理念是跳跃性的、跨时代的，它有精神、有理念，那就是按照"不去做坏事"的理念去做事情。相对而言，Facebook的未来却不一定很光明，因为它的竞争对手太多，而且自身还没有足够强大的公司精神。

在中国的企业中，华为是真正有自己独特精神的企业。华为的总裁任正非特别像乔布斯，他们身上都有一种理念、一种东西，因为这样的精神，华为打败了无数的公司，包括北方电讯、摩托罗拉、西门子和其他许多外国企业。华为现在在世界上地位相当之高，为什么呢？因为它有一种精神、一种理念。这种精神、这种理念跟任正非的整个视角有很大关系，三星的精神理念和它的首席执行官李健熙有很大关系，苹果的精神理念和它的前首席执行官乔布斯有很大关系。所以公司的精神是带动公司在市场活动中找到真谛的唯一核心。

那么什么是理念，什么是公司精神的核心呢？这就是公司的使命。公司是什么？它要干什么？它从何而来，到何方去？

我们强调公司的使命、远景、它对人类作出的贡献，以及企业如何改变用户的行为、理念、生活方式。这个过程对首席执行官本身的要求特别高，因为他的素质是超越时空的，他看的绝对不是短期的赢利，我们看的这三家企业都没有追求短期赢利，华为没有上市，谷歌对短期赢利不会热衷，苹果从设计的第一天开始就没有想自己应该赚多少钱，这些企业都把赚钱当做一个附带品，它们的想法都是用自己的产品、用自己的创新真正地改变人类的生活方式，让人们的工作、生活、学习更加自如、更加轻松、更加有灵感。它们的副产品就是大大增加了的财富和价值。

所谓产品则是体现公司精神的核心与本质。公司一定要打造品牌，品牌则一定是独一无二的。苹果就是21世纪最新的奢侈品，老牌的欧洲的奢侈品公司，包括卡地亚、爱马仕、梵克雅宝，当你问及它们奢侈品产生的背后是什么东西时，它们的答案是品牌，所谓奢侈品，它们的定义是所有人都会喜欢它，但是少数人拥有它，绝大部分人每天都在做梦想得到它。这是非常有意思的，在21世纪，这些企业之所以能做到这样，和它们的不断创新、不断革新、不断变化，不是去做所谓战略定位，而是真正地去呼应、适应一部分人的需求有很大关系：你做什么我不管，我就按我的方式去做，我们从谷歌、华为，甚至从苹果都可以看到这一点。公司要把产品做到极致，也就意味着有了精神，等真正做到极致的时候达到了一个所谓奢侈品的点，当到了这个点的时候它就完成了自己的使命，但是它绝对不会一蹴而就，也不会躺在那儿永远这么继续下去，因为它要不断进行创新。

大多数人都很感兴趣，苹果是一家什么样的企业，苹果这家企业很有意思，它的产品是大多数人都梦想的商品和艺术品的结合品，它因此商业价值非常巨大。它为什么能做到这样呢？它的产品变成了艺术品，从功能的角度到艺术的角度的转变过程中，把人们的生活改变的不仅仅是增加使用价值，关键问题是真正改变了人们的生活。所以大家有钱都去买它，而且它还不断地创造出这种东西，大家都对它很好奇。如果一个产品不能激起大家的好奇心，它就不能成功，或者说如果企业的领导者本身没有梦想，企业就不能创造一种产品让大家去梦想。苹果不断给人以惊讶、给人以好奇，所有人都在期待苹果的新产品，苹果把产品、技术、艺术三者完美地结合在了一起，因此就满足了我们所说的奢侈品的重要特质，就是所有愿意要它的人都是有一种渴望、一种梦想，在这种状况下你会发现不论环境有多么大的变化，它的产品市场都会永远存在，因为它是独一无二的。

但是如果真正要做到这一点的话，需要公司精神的塑造，我们一定要看到精神的背后是理念，而理念的背后是人。不同的人会塑造出不同的公司精神。我们应该知道领导者需要具备什么样的素质、品格和品质，而这种素质、品格和品质与领导者的基本教育有很大的关联，跟社会教育也有很大的关联。

因此接下来让我们讨论一下怎么塑造公司精神，首要的因素就是人的因素，公司里所谓的人治，要求领导者一定要有魅力，一定要有超强的能力，而魅力的背后有三条主线，第一条是这个人一定要有超常的视野和格局；第二条是这个人在他的领域内一定要有极高的专业性；第三条是这个人身上要有很优秀的品格与品质。

一个人具备了这样的魅力，当他把这些东西在一家企业推行的时候，就是我所说的人治。但是只有人治还不够，一定要建立法治，法治是怎么建立的？法治就是一个领导者在贯彻企业文化的过程中，在贯彻企业战略的过程中要一直意识到企业的规则、制度、纪律、规章，这对人的行为有很大的影响。领导者尽管自己可以去做，但是如果没有制度、没有规章，其他人不可能产生行动，这就是法治。人治之后就是法治，法治之后很关键的一条叫心治，心治是什么呢？心治就是在这个过程中公司的领导要推行一种文化，甚至一种信仰，但是心治是建立在法治基础上的。举个例子来说，经验告诉我们，当你招一个农民工进城市工作之后，第一件事是让他不要随地吐痰，每天早晚要刷牙，就这样做，他开始可能说我不喜欢做，但是当他做了之后他忽然发现自己的行为发生了很大的变化，行为发生变化之后他开始觉得好，他开始觉得好之后怎么来固化这个好？就要把这个行为过程中文化的东西渗透进去，这样的文化一旦建立之后，我们就会发现人心和制度融为一体、不可分离，这就是一家企业的公司精神真正建立的所在。因此公司精神不在于领导者自己身上，这种精神如果不建立在法治基础上，那么他死了就没有了，但是这种精神如果只建立在制度上，就像很多美国企业一样，要求员工必须完成任务，但不告诉他们为什么要完成这个任务，也不告诉他们为什么要定时完成，那么这还是不完备的。

因此，大多数美国公司最大的问题是有人治、有法治，没有心治。东方人更好一点，西方人只是理性做事，东方人还加上感性做人。但是东方人，无论是日本人还是中国人，有人治、有心治，但是缺法治。我们把法治、人治、心治都放在一起，就等于说把中国的人治、美国的法治、日本和德国的心治都放在了一起，这个时候的公司精神是最强大的。

当谈及公司精神时，我们发现它还建立在刚才我所说的领导者本身的格局上，领导者的格局很高，他建这个公司的目的不是像一般企业那样到股票市场赚很多的钱，他的目的是改变人类，这样公司发展就会很好。最典型的案例，我个人认为是中国的华为、美国的苹果和谷歌、韩国的三星，还有日本的稻盛和夫的京瓷。京瓷是一个人治、法治、心治很好的案例。所以领导人的格局很重要，中国企业过去不重视它，但这是推动企业发展最有利的因素，只有有格局，这家企业最后才会产生出巨大的动力去做事。

当然在塑造公司精神的过程中，组织的变革也非常重要，组织的变革在中国社会转型的背景下显得更加重要，所谓转型的重要性，就是中国的企业怎么从以发财致富为目的的简单的市场经营企业向一个制度化的企业转型。组织变革有两个领域，一个是公司治理结构的变革，一个是公司高管团队的变革。公司精神推行的目的是帮助中国的企业实现基业常青。在基业常青中强调的还是领导力，领导者有两个特质，一个是能力，另一个是权势。好的领导者表面看着很谦卑，但是他的内心是极为强势的，这个领导者会低调做人，但是他内心有着一个不可动摇的使命。他的低调做人，却有着很高尚的视角和格局。也就是说他做事，没有人可以动摇他，但是他表面又很谦虚，不张狂。乔布斯就是一个较好的案例。我们如何培养一个领导者的精神，继而培养一个公司的精神？我认为有以下五个方面：首先是精神培养，我们的教育制度从小学、中学到大学都过度强调分数而忽略创新，这是不可取的；其次是文化融合，让潜在领导者能够到国外去，在不同环境下成长，让他接受不同文化的冲击；再次是这个人最好从小都有一种信仰，这种信仰可以是佛教，也可以是基督教，但一定要有信仰；第四辅导很重要，要加强对潜在领导者的辅导培养；最后就是经验的磨炼，经历是培养、训练一个人最好的东西，创业就是最好的磨炼。

致谢

如此众多的人为本书的完成和出版作出了积极的贡献，以至于我无法在这里一一提及，因此我只有对其中的几位致以我特别的敬意和感谢——而其余的人我将把他们记在心里。

我要向安德斯·克里格致以我诚挚的谢意，在本书的最后阶段，她以她娴熟——而温柔——的双手为本书增添了光彩。最后，衷心地感谢赫勒、尼恩和南纳，他们不得不在完成本书漫长的历程中忍受没有丈夫或者没有父亲的日子。

杰斯珀·昆德

哥本哈根

前言

本书旨在试图打破如今普遍存在于众多公司的不具创造力的传统思维模式，这些公司十分努力，拥有高素质的员工和高质量的产品，但它们的经营方式却让我想起足球比赛，足球在赛场上来踢去仅仅为了维持比赛的进行，就像是两个队以0比0的结局收场，整个过程没有任何速度上的变化，没有激情，甚至没有要赢球的信心。

我所具备的国际化公司的理念培养和营销工作的经验，让我看到了将态度、理念及信息从一个大型组织之中散播到整个世界市场是多么困难。我与母公司的高层管理者及最底层员工共同工作，我也与分支机构中相应职位的人共处，所有这些经历使我即刻认识到这样一个事实：众多的公司竟是如此不具同一性与和谐性。同时，我也注意到一个值得警戒的现象：有很多本来可以是很健康的国际化公司却由于其最终的行政问题而夭折。有见地、有推动性的领导者确实太少，他们的存在简直成了一种特例，而已不再是一种领导者应该具备的通行规则——尽管"具有动态化管理的公司才是最有希望的"是众所周知的事实。而另一方面，那些只是在推行行政化管理，在它们以前的伟大业绩和增长基础上走下坡路的公司已经陷入了衰退与没落。虽然最终的彻底沉没需要时日，但在全球范围内它的发生却异常迅速，如果你想登上这班列车，那么这将是你的最后一个机会。

我写这本书的另外一个建设性的目的，是想为正在奋斗前行的公司提供更加具有推动力的动态方法。本书并非某种研究成果的总结，而是关于态度和理念的阐述，是关于从根本上决定一个公司的优势和劣势的理念，是关于决定一个公司必须如何去行动和组织自己的理念。本书通过充分的著名跨国公司的案例阐明了公司精神，这将使本书的理论内容更加生动，更加易于掌握。

在写作本书的过程中我发现，有许多人在他们的公司内渴望一种精神化的理念，一种目标导向型的态度，领导者们在寻求创造它的途径，而员工们在他们的工作地点领会着其中的意义，以为其作出最大的贡献。

本书的撰写激发我实践了我在自己的公司中所推崇的东西，希望广大读者也能因此而受到同样的激励。创新的动感的火焰正待燃烧，它照亮了正确的方向，未来会蓬勃发展，兴旺繁盛！

目录

第1章
公司精神的核心与本质

- 004 公司精神才是市场竞争的关键
- 006 新时代管理者如何成为赢家
- 010 让消费者信仰你的品牌精神
- 013 没有不具备公司精神的品牌
- 015 速览各章概要

> 一个企业具备了坚实的精神基石之时,才能够获得强大的市场空间和市场地位。如果缺乏信仰,公司对未来就不可能有任何有意义和有价值的规划和愿景设想。

第2章
动荡背景下公司精神的非凡意义

- 033 国际化更需要"精神"
- 035 未来最重要的管理工具
- 036 为什么需要"精神化"管理?
- 047 品牌背后的公司

> 能够在公司精神的指引下经营其公司而同时又能把握市场的人或公司,将会是新的赢家。

第3章
品牌精神

053　未来成败的关键
053　探究品牌价值
055　"参与"才是王道
058　品牌定位为什么重要
068　想象力成就品牌精神
076　怎样让人钟情于你的品牌
082　品牌也有等级链

> 仅靠耀目的产品已经不再足够了，重要的是市场地位，而公司能够企及的最高的市场地位是消费者已能够将其品牌认知为一种品牌精神。

第4章
公司精神

101　"组织"真的很强大
103　信仰不在自动售货机里
105　在公司播种"精神化"的种子
111　公司精神七步曲之一　产品
112　公司精神七步曲之二　使命
113　公司精神七步曲之三　愿景
114　公司精神七步曲之四　推广与发展
128　公司精神七步曲之五　系统
129　公司精神七步曲之六　责任与承诺
130　公司精神七步曲之七　行动
136　所谓企业界的普世价值
138　电子商务公司急需"精神"补品

> 公司缺少的实际上并不是有能力的人，而是将公司全体成员引领向同一个正确方向的领导人和领导能力。

142　消费品公司的精神魔咒
148　分公司才是危险的地雷

第5章
责任与行动

158　让员工学习承担责任
161　培训力量大
167　人人都可以接受教育
172　拿什么支撑你的信仰?
173　行动起来吧!
182　谁告诉你计划没用?

> 责任是世界发展的最大驱动力的动力,管理者必须在组织上下创造承担责任,并将语言付诸行动的良好氛围。

第6章
组织的变革

188　重新团结消费者
190　国际化更需要同一化
193　对分公司进行削藩
203　调整的不仅仅是理念
205　凝聚力也是王道
206　新型组织化思维

> 如果一个国家的精神已经摇摇欲坠,那么其他的事情也必将如此。对于公司也一样,有的公司之所以能够生存,不是它真的很强大,只因竞争对手也处于同样的状态。

第7章
高层管理者的变革

211　不要把自己埋葬在小事里
213　创始人的伟大形象
216　集体的领导意味着什么?
217　优化你的资源
219　化无形为有形
221　你才是未来的老大!
224　领导者必须永立潮头
225　建立一个靠谱的系统

> 领导者须从繁重的行政事务的重压下解脱出来。高管不能致力于过去的财务分析和今后的财务预算,而应将焦点转移到对愿景目标和未来发展的关注上。

第8章
公司精神的推行

229　推行公司精神的时间表
245　未来

> 你得动起来才行!绝对不能把公司精神视为某种崇高而深奥的目标高高挂起,而必须将其转化为每个员工的具体行动。

第1章
公司精神的核心与本质

公司精神才是市场竞争的关键

新时代管理者如何成为赢家

让消费者信仰你的品牌精神

没有不具备公司精神的品牌

速览各章概要

用不同的方式，
从不同的角度，
对企业外部进行思考，
往往会带来最出乎人意料的特殊结果！

——亨利克·易卜生

"宗教"（精神）一词源于拉丁语religare，意思是将众多的事物以共同的方式阐释并最终结合在一起。这也正是本书对"精神"的定义。

只有当一个企业具备了坚实的精神基石之时，它才能够获得强大的市场空间和市场地位。需要指出的是，品牌定位，才是最终决定企业成败与否的关键。本书涉及诸如自尊、自我价值及信仰等能够使你在商场上取得成功的有价值的理念。

> 本书涉及诸如自尊、自我价值及信仰等能够使你在商场上取得成功的有价值的理念。

未来的价值及价值观在本质上将能够被量化，仅仅期望依靠技术上的优势就能成功地销售产品的时代已经过去，现在的理念应该是对品牌的热衷，对人文情感因素的重视以及与此有关的非物质的价值，正是这些因素，在真正地创造产品的销量和市场。品牌之争的目的是在消费者心目中占据有利的地位和提高信誉，这也正是企业必须去为之奋斗的重要领域。

无形的情感价值正在取代有形的外在形式而成为影响企业市场地位的根本因素。这并非我所发明和创造的，它是任何人都能够看到和感觉到的客观存在。我的主要贡献仅在于对这一发展趋势进行更进一步的阐释，并在你感到必要和愿意的时候将这种理念应用于你自己产品的情感价值之中。

为了在市场竞争中成功地获得有利的市场地位，企业必须按照这样的思路开始进行策划并付诸行动，它们确实需要一种公司精神。我之所以用"宗教"（精神）一词是因为它意味着用共同的信仰指导统一

> 我之所以用"宗教"（精神）一词是因为它意味着用共同的信仰指导统一的行动，意味着紧密的相互结合和渗透。如果缺乏信仰，公司对未来就不可能有任何有意义和有价值的规划和愿景设想。

> 企业家是创造公司精神的神圣的天使，他们使公司精神中的人性化内容更加丰富。

的行动，意味着紧密的相互结合和渗透。我认为如果缺乏信仰，公司对未来就不可能有任何有意义和有价值的规划和愿景设想。因此，相信你自己，相信你自己的梦想。

公司精神才是市场竞争的关键

国际市场上的竞争已不再是产品的竞争，转而成为理念与观念的竞争。能够在市场中取胜并赢得市场的企业，必定是那些把握最有利的市场地位的企业。在这样的背景下，品牌及其价值的作用显得至关重要，并成为公司成败的决定性因素。

现在的企业都必须能够宣传自己，这种宣传不仅仅对公众，甚至对内部员工都需要公关宣传企业定位和形象。因为仅仅通过产品不能准确反映企业的全部，消费者所购买的也不仅仅是其产品，还包括其所代表的一切，比如品牌所传达的理念，品牌所代表的社会形象。正因为如此，企业需要用一种彼此关联又相互一致的方式描述自己，并让公众熟知。

在很多情况下，企业的形象通过实际经营的企业家得以反映，企业家个人魅力越突出，企业所展示给世界的就越能够代表这种个人影响的穿透性，可以说，企业家是创造公司精神的神圣的天使，他们使公司精神中的人性化内容更加丰富。这种人性化的特征阐释得越好，就越容易被整个公司所理解和接受，并很好地实施和推进它。

在心理学的研究及发展历史中，奥地利的阿尔弗雷德·阿德勒可算得上是一个先锋派人物，他是个体心理学的创始人、人本主义心理学的先驱，他非常精于对复杂人性的研究，阿尔弗雷德指出人的性格或个性是由三个相互影响又共同作用的要素组成的：

- 他人眼中的你自己；
- 你自己所认识的自己；
- 你期望他人能够了解到的自己。

根据阿尔弗雷德的研究和解释，这三个方面因素的协调性与一致性越高，人的个性就越突出和鲜明，而性格的一致性能够相应地减少个人内心不必要的冲突和矛盾，并能够有效地排除外界对自身的误解。

对人如此，对企业也是同理，无论是现在还是将来，企业对市场前景的期望和目标与企业对自身实力的认识越是切合与接近，企业本身的特色就越突出，而这种明显的特征会更多地贯穿于整个企业并最终扩散到企业外部。

图1-1 对公司个性化特征的全面描绘来自内部的公司形象与外部的公司形象

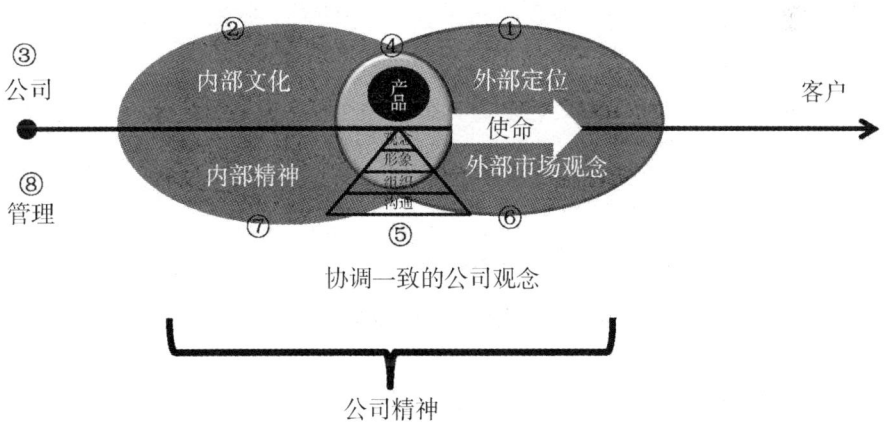

用以上的模型可以最好地诠释公司精神，它综合了企业的内部文化、外部市场定位以及整合的管理目标。

下面的模型（图1-1）反映了对一个企业或公司的连贯性描述。从左到右，信息从管理层充分地流向整个组织，并通过企业的运行体系传递给客户，最终扩散到全部市场。

左边的椭圆形代表企业文化，它的一部分与外部市场定位相互重叠，这部分就是对企业的连贯性描述，它整合了企业文化及企业的外部定位，在此我将其称之为企业的公司理念与精神。

让公司精神描绘你的公司

未来，为了有效地从外部及内部控制公司，你必须能够清楚地描述你的公司，其目的在于保证在市场经营和市场竞争中日益增长的核心事物能够成为一个独立而牢固的价值体系。具有稳固理念的公司能够更容易地形成其内部精神系统，并创造广阔的外部市场理念，要知道一个能够将内在的公司和外在的市场融会在共享、联合和沟通的氛围下的精神体系非常有利于公司的统一。

公司精神是一个对公司进行认识的全新的思路和理念。今天，产品仍然是公司主要的信息和沟通的高速公路，但这已经成为过去。当公司从单纯的销售产品转而发展为销售方案、品牌或态度和精神时，公司理念及价值观的交流与传播便将成为衡量其成功与否的决定性尺度，它需要你明白：作为一家公司，你到底怎么样。

新时代管理者如何成为赢家

对于高级管理层来讲，寻找到一个令人满意的解决办法，应该意味着这一办法不仅能够将公司本身推介出去，而且能够将公司很好地引向外在的市场（见第4章）。对于中层管理者来说，要想将来成功地做到这一点，就必须以与当今所采用的很多方法不同的思路去运作。为此，新一代管理者所必须具备的关键素质之一就是沟通的技巧，他们必须能够在公司内进行很好的交流，使公司的内部沟通流畅而有效。同时，他们必须能够使公司与市达到有效而充分的接触，使公司在整个市场环境中的外部沟通同样成功。作为管理者，必须具备洞察和表达的能力，必须能够对市场有较为准确的把握并能够对市场的具体发展状况和趋势进清晰的分析和阐述，进而利用公司的力量实现预期的目标。那些能够对公司进行很好的阐释或再塑造的管理者，才是未来的赢家。而管理者越是能够在每一个角落和缝隙中找到公司的恰当位置和市场之所在，那么这种努力所能够得到的回报就会越多。

发觉你的潜能

我可以毫不夸张地这样说，在几乎所有的大型国际性跨国公司中，有一半的潜能都是未得到充分开发的，而如果你对公司有准确的认识，能够树立一个连贯一致的公司理念，能够形成强大的公司内部精神体系，并能够相应地管理好整个组织，那么，公司内所蕴涵的所有潜能就能够得到允分的发挥。这样，你就能够创造足够大的能量，将一个长期渐进的发展过程变为一个令世人注目的焦点和中心。

IBM的《同一个声音》

这正是郭士纳在IBM所做的，他对公司进行明确的阐释，并以一本名为《同一个声音》的书将其传输到整个组织。在书中，郭士纳叙述了他在1993年担任公司的首席执行官时对公司现状的认识和分析，他明确地强调了IBM的强势所在、他对公司未来的预期，以及公司员工应该如何去为这个目标的实现进行努力。IBM的每一个员工都"直接"从他那里得到了关于该书的复印内容。

谁不相信微软？

一类新的领导人正在涌现，他们不仅是其市场的精神领袖，同时也是其公司的精神领袖。微软的比尔·盖茨就是这一类领导人中很典型的一个。他推动了市场的发展进程，而其公司价值的绝大部分正在于他对挖掘和拓展市场所做的不懈努力，以及对未来的美好期望这样一种坚定的市场信念上。

比尔·盖茨很清楚在未来的市场领域中该如何去表达自己，他虔诚地信奉着他有能力去诠释、表述和传播的东西。

在将来，每一个有资格名副其实地被称为"领导人"的人，都需像向比尔·盖茨看齐，要能够以发展的眼光表达对未来的合理预期并对此深信不疑。这就是公司精神之所以是对公司及其市场未来进行管理的决定性因素的原因所在。

像布朗森那样看待品牌

将来的观念和价值观将会使很多我们今天认为是想当然的事物发生翻天覆地的改变，品牌将会成为信仰，一些被视为是品牌代言人的人物本身也会成为信仰或精神。篮球运动员迈克尔·乔丹是一个十分成功的代表。华纳兄弟娱乐公司的总裁指出，真正的明星是那些能够创造超越其本身的形象，并因此能够在其名声与品牌资产之间取得平衡的人。他说："迈克尔·乔丹不是在推广一首歌或一部电影，而是在推广一种形象，这正是明星身价的全部体现。"像乔丹这样的名人，其价值体现在品牌资产的建立、名称的认可以及最终将这种资产与众多的产品相结合上。毫无疑问，乔丹是所有名人效应所产生的名人品牌中最成功和最强大的形象。

精神领袖的典型例子是英国的理查德·布朗森，他已经成为其品牌的代表，在赋予其品牌以个性化的同时，他也为其以维珍命名的品牌价值赋予了浓厚的人性化色彩。该公司在市场上推出了众多的不同产品，从航空旅游、银行服务到碳酸饮料及化妆品。像比尔·盖茨一样，布朗森非常忠实于他所扮演的角色，他从市场定位的角度来对待它，而不是仅仅从产品的角度来狭隘地理解它。

一个启示

在美国，拥有一个替国家说话的总统似乎并非仅仅出于毫无意义的娱乐目的，这是领导国家的最有效的方式，因为这样可以将国家推向世界，让世界人民了解美国，同时还可以在国家内部形成一种忠诚。

美国人民所选举的总统首先应当具备作为国家的代言人的能力，而今天已没有人再简单地认为靠总统一个人就完全能够保证一个国家的正常运行和良好发展。当美国人民在20世纪80年代意识到这一点的时候，他们将这一神圣而伟大的职务交给了一个专业的沟通者——前好莱坞演员罗纳德·里根。

我们想要什么？我们为什么需要它？以及我们如何能够满足我们的需要？

公司精神是一种以公司目标为核心的模式和方法，它是一种中心化模型，要求公司管理层必须真正地对公司负有责任，且在必要的时候能够将其权力置于公司核心之中。公司精神的核心目标是强化公司的能力，并将这种能力进行整合，以达到行为和意志的统一——无论其市场如何。其次，公司精神又是一个整体的概念，在这样的信念指导下，整个公司的管理是真正意义上的"精神化"管理，要将最低限制和内部会计核算放在一边，数字和预算只会使你停步不前。能够将一家公司引向成功的，是公司的理念，更明确地说，就是对公司的"精神化"管理，它是一种公司观念，它使消费者能够更加关注与其品牌有关的定性化内容及情感价值，并忠实于此。一项新的规则将付诸应用和实施的时代即将到来，那就是事实上并无规则可言，一家公司必须能够根据自己的理念和信仰，创造属于自己的规则——它的精神，这种精神将牢固地结合在一个愿景共享且使命一致的体系和氛围中。

公司精神背后所隐含的内容已经被一些显然已取得成功的公司所揭示，微软公司、可口可乐公司、耐克公司、迪斯尼公司以及美体小铺都是其中成功的典范。

让消费者信仰你的品牌精神

消费者不是机器人，他们不只是简单地购买产品，同时也在选择一种观念和态度。当面临不断增加和日益多样化的选择时，消费者的购买倾向就变得更加受制于其信仰，此时的购买动机产生于关于品牌的卓越性的信仰和本能，而消费者绝不会在稀薄的空气中寻求这种信仰。

消费者希望知道他们所购买的产品背后的人，他们希望了解生产该产品的公司，他们希望知道你的想法和观点，而如果你的公司能够将自己的理念和宗旨进行宣传和散播，你就会变得更强大。

当下，市场已经进入需要创造能够围绕产品形成一种氛围，并赋予品牌以人们能够感知的价值及强大的非物质价值和服务的时代。

在全球市场中，品牌定位是成功的最终标准，你在品牌等级中所处的地位越高越好，而最理想和最成功的品牌定位应当是这样一种状况：消费者已经将品牌视为一种品牌精神。品牌价值——超越了公司产品的实际功能的所有对公司的表述、观念以及抽象的态度和理念——准确地说是非物质的和情感化的价值，它赋予了产品品牌地位。

当你达到这一令人艳羡的位置时，你的销售量将更加巨大且无限——正如你在哈雷太子的案例中看到的。当产品本身变为其品牌的一小部分，公司的国际化扩充的需求就会成比例地增长，尤其是如果这种需

> 当下，市场已经进入到需要创造能够围绕产品形成一种氛围，并赋予品牌以人们能够感知的价值及强大的非物质价值和服务的时代。

图1-2 品牌精神模型

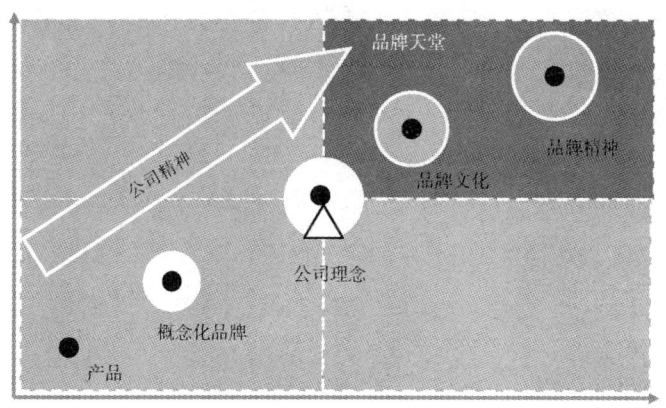

求已经在过去的实践中得到过良好的证明,换句话说,就是在国际市场上开发和销售产品。在此方面,公司需要完成的关键任务之一且需要强调的是,公司必须在国际范围内创造一个均衡一致的公司形象,这正是大的国际品牌的秘密所在。就比如消费者在戴高乐国际机场遇到的某一品牌和在戈壁沙漠中遇到的该品牌,他们得到的有关该产品的信息必须是相互吻合的。

那么,公司如何能够了解其品牌与消费者的关系呢?这种关系中的关键在于消费者的广泛参与。请看图1-2,它反映了一条消费者参与的路径,从左下方的普通产品品牌到右上方的最终极点及品牌精神。

不同品牌各有所长,其价值越突出,价值与品牌的关联性越强,消费者的参与度则越高,而越高的消费者参与度意味着越强盛的品牌和越高的生产者价值。我们可区分以下五种不同类型的品牌之间的区别:

● 产品:没有任何"附加价值"的一般产品仅具备一些普遍要素。
● 概念化品牌:在情感价值的基础上而非产品资产的基础上得以运行的品牌。
● 公司理念:与一个整体运作完全一致和和谐的公司相融合的品牌。
● 品牌文化:在消费者心目中占有十分强大的地位,以至于消费者将其等同于其所代表的功能的品牌。

图1-3 以价值为基础的组织

观念/价值观

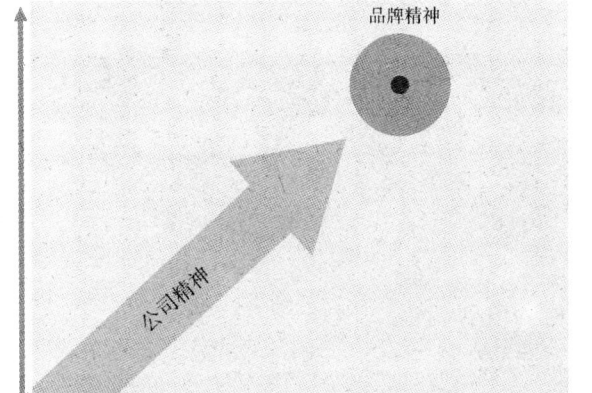

●品牌精神：这是品牌的最终境界——对于消费者来讲，这种品牌就是必选的，就是一种信仰。

要达到品牌等级中的最高层次，就需要形成一种能够将公司及其品牌以一种和谐一致的方式结合在一起的公司理念。这是一项十分艰巨的任务，而一旦成功，通向广阔而庞大的市场的大门就会向你敞开。公司精神则是用以对其过程进行控制的。

只有渴望同一目标并步调一致地向同一方向行进的组织，才能够敏锐地关注、清晰地区分不同品牌的定性化价值。而仅仅雇用有技能的人员是远远不够的——他的值观也必须与公司所倡导的相一致。

只有渴望同一目标并步调一致地向同一方向行进的组织，才能够敏锐地关注、清晰地区分不同品牌的定性化价值。而仅仅雇用有技能的人员是远远不够的——他的值观也必须与公司所倡导的相一致。

没有不具备公司精神的品牌

公司精神是一股极具威力的驱动力，它使公司的每一个人信仰同样的东西。坚实的品牌定位要求对自己及自己的实力充满信心，并要相信你的公司所做的是正确的，也是可以盈利的，作为企业当然不可能抛开盈利的目标。

为了能够在公司上下推行这种定性化的品牌价值观，公司的管理必须借助一套观念和价值观进行。通常，人们受雇往往是因为他们所具备的专业化技能，当然还需具备足够的能力，但技能和能力的重要性并不比员工所持有的观念和价值观的重要性更加突出，他们的观念和价值观，必须与公司的观念和价值观相一致。因为只有当所有的观念和价值观都趋向一致并

> 如果公司想要在其公司精神建设中取得成功，那么在管理层必须有效运作。

与其所具有的各项技能相互匹配的时候，即所有事务已在公司精神的管理和控制中，这家公司才有望达到品牌等级中的最高层次，最终实现品牌精神。

公司的增长通常是其国际化的结果，然而，公司结构的迅速膨胀往往会导致混乱，控制指挥中心在哪里？此时往往很难辨别命令发自于何处，对市场变化的反应期会延长，高级管理层与客户的接触变得稀疏，他们之间的距离会与日俱增。

这里另一个需要考虑的问题是关于市场调节，市场调节的问题近年来就像世界八大奇迹一样受到人们的重视，但是，怎样的市场调节是合适和准确的呢？传统的市场调节实质上是掩盖软弱的管理，管理层只满足于在办公室阅读资料和文件，企图借此找到扭转市场地位的出路。当然，公司必须要了解不同市场的不同消费者的感受，但只有在公司能够将市场调整到品牌的层面上——而不是其他的任何路径上，才能够获得强大的市场地位。

如果公司想要在其公司精神建设中取得成功，那么在管理层必须有效运作。

这一点同样适用于对公司员工的内部精神管理，公司员工能够在该公司就职的最佳资格或许就是其对公司的忠实信仰，一旦这种氛围和效果得以形成，公司就能够对其员工技能进行测量和评估。如果公司正在走向公司精神的成功之路，那么管理就必须发挥它的应有作用。

哈雷太子在很久以前就这么做了，它并不是利用广告代理公司或一群学生到市场上去调查消费者的消费心理和消费环境，而是公司管理层和代言人一起通过参加哈雷的集会，在公司内外传播了许多极富价值又十分可靠的信息，他们充分地参与了进去，衣服上抹上了汽油，以至于你根本分辨不出谁是客户谁是主办者。这种紧密的关系显示出了信仰的力量，维珍公司的案例就能说明问题了，它的成功告诉我们一个企业家的性格和个性以及"反常规"的思维和观念是如何彻头彻尾地驾驭了一个商业帝国的。这些案例清楚地表明，一套新的价值观和管理方法对一个现代型公司起着多么重要的决定性作用。

速览各章概要

第2章： 国际动荡与危机。其标志是，如果国际化公司缺乏必要和足够的防范意识和预警措施，那么它们必将面临瓦解。因此，急需一种新的管理模式。

第3章： 价值、一致性及参与性是其重要内容。这些因素将奠定公司成功的基础——如果缺乏，也必将失败。品牌定位是其核心。本章将会介绍一些新的概念和观点，以反映如何实现最终的目标——品牌精神。本章中的四个案例揭示了相关的理论。北欧航空公司的领导者指出了建立一个强大而持久的公司理念会如何将公司从危机引向成功。

环球品牌公司掌握了骆驼香烟的发展历史。这个相对来说知名度并不是十分高的公司的发展史说明了高度的参与和坚实的品牌定位如何能够通过品牌延伸创造巨大的财富。阿迪达斯和耐克则是借助体育巨星来达到这一目的的。该案例是表明非物质价值的重要性的典型例子。产品质量并不足以产生产品差异，硬石咖啡在其商业经营中创造了丰厚的收入并显示出，可靠而关联的全球价值是如何打开通向利润增长的大门的。

第4章：公司精神，以理论为主。本章的几个关键词是：愿景、使命、精神、系统、责任和行动。本章给出了几个表明如何沟通与理解的有用的模型。请不要跳过第2章和第3章而急于翻阅本章——耐心是一种美德。

公司精神的实际应用和意义通过本章中的四个案例得以反映。微软的领袖人物比尔·盖茨是高度可见的精神化领袖的典范，他使全球都在因微软而运行。IBM是一家靠精神支撑并受其控制的公司，曾经由于管理层对其消费者需求和喜好的忽视，它经历了一场灾难性的衰败。如今，郭士纳是否能扭转乾坤？而丹麦的奥迪康公司之所以能够摆脱危机而起死回生，则是由于一位极富才能的精神型领导人的到来。另一家公司，英国的美体小铺，是我所知道的能够专注于其定性化价值的最强力的公司之一，它对公司所具备的无形价值的关注不仅表现在整个公司内部，也反映在与客户的沟通与交流上。

第5章：由中心化模型得出的两个要素——以价值管理为基础的增长及责任和行动——将在本章得到充分、细致的探讨。动机与渴望能够将信仰转化为现实的结果。本章中列举了两个揭示责任与行动是如何通过教育得以保证的案例。

咖啡连锁店星巴克和汉堡巨头麦当劳已精心研究出其教育与培训计划，以培养其所期望的公司精神。第三个案例是关于丰田公司的，它反映了有效的控制体系的作用，有效的控制体系为公司指明了坚定而有利的前进方向。

第6章：在传统型组织中实施公司精神理念的结果。本章的核心在于对组织结构及其对组织未来的实际影响的讨论。

第7章：为什么领导的责任必须从分支机构或附属公司交回到总公司的最高管理层。

第8章：本章为任何一个想要将传统型组织转化为以公司精神为组织驱动力的公司的实用指导。

案例研究

哈雷太子公司

哈雷太子不仅代表着摩托车行业的精神,它还可以称得上是世界上最强大的品牌精神之一。

过去曾经流传着这样一种笑谈:"如果你要买哈雷的产品,最好买两辆,另一辆备用。"这是美国重型摩托车行业发展过程中的一个事实,哈雷产品的质量变得十分糟糕,低劣的质量又使摩托车的爱好者和拥趸很难培养起对哈雷特有文化的忠诚。当该企业已完全忽视了其文化的重要性时,公司已陷入巨大的灾难并面临破产。

哈雷太子的例子是一个关于品牌及公司精神的背后所隐含的理念的十分有趣的例子,哈雷太子的故事充分澄清了这样一个事实:意识到并且重视树立你自己的品牌地位是十分必要的。

哈雷太子公司是由哈雷和太子家族于1903年创立的,在经历了20世纪50年代一系列竞争者的相继破产之后,哈雷太子幸运地生存了下来,并成为美国惟一的摩托车制造企业,哈雷太子与美国式的自由渴望紧密相关。在20世纪60年代的经济繁荣时期,美国的摩托车市场空前地、膨胀式地迅速发展,摩托车销量从1960年的40万辆和1964年的96万辆猛增到1971年的400万辆。

但是,哈雷太子公司并没有能够从这一增长中获利,事实上,它的市场份额在极度萎缩。为什么?因为面对本田公司生产并投放到美国市场上的轻型摩托车,哈雷太子没有任何应对的措施。1977年,本田占据了46%的市场份额,而哈雷太子却只有6%的市场份额,哈雷太子产品的质量确实不够令人满意。

与哈雷太子的管理层中其他12个人一起,沃恩·比尔斯拯救了这个公司。1981年，他用8150万美元（从花旗融资）从AMF公司手中买回了哈雷太子，而此时AMF公司已收购哈雷太子达16年之久，哈雷太子公司被收购时，市场份额已减少到3%。20世纪80年代初，沃恩·比尔斯得到了有力的帮助。1983年到1986年，美国对从日本进口的重型摩托车所征收的关税上涨了45%，远远高于以前的4.4%，他很清楚应该如何去利用这个绝好的时机。从日本的经验中得到启示，哈雷太子以跳跃式发展的方式实现了其产品品质的提高和生产力的提高。

哈雷太子创造了公司迅速恢复的基石，1986年，哈雷太子又回到了其市场主体地位的位置，在全美，它又成为超重型机车领域的冠军。今天，在750毫升以上的机车市场中，哈雷太子已抢夺了54%的份额。

哈雷太子的重获新生并不只是起因于其生产的复兴，强大的哈雷文化的冲击更是其主要原因，它创造了新的管理理念和管理模式，使公司重获成功。哈雷太子的神话并不只是那些真正驾驶过哈雷太子摩托车的人群的神话——它同样影响着那些认识曾经亲自驾驶过哈雷太子摩托车的人的人群，它也是那些仅仅是想要分享哈雷精神的人的神话，而这已深深地嵌入其著名的标语和口号中，并成为其品牌价值的一部分。

沃恩·比尔斯发起并创立了哈雷太子俱乐部，安排哈雷集会及一些特殊的哈雷活动，在这样的聚会和活动中，每个人都能够接触到哈雷产品的促销和推广，品牌价值以尽其可能的方式被培养了起来。很快，潜在的文化积淀受到极大的重视，哈雷太子成了一个强大的品牌精神。

哈雷太子并没有被人们完全地遗忘，多年来，哈雷太子公司几乎一直是其消费者钟爱和能够驻留的。沃恩·比尔斯敏锐地注意到了这一点，为了培养消费者持久不变的忠诚，于是他在1983年建立了哈雷太子俱乐部。该俱乐部的27万成员来自世界各地，被分为858个分部，哈雷车主会成为世界上由企业资助的最大的摩托车俱乐部。哈雷车主会向它的成员寄发时事通讯等资料，并在全世界安排一些集会和一些特殊的活动。从此，对"以铬和铁为核心的美国象征"的崇拜和景仰被铭刻在美国文化之中。

相应的是，本田公司的迅速瓦解并不足以引起任何人的惊讶，这倒并非由于日本公司的产品毫无价值或毫无吸引力——实际上，日本的产品同样很好，而且有着突出的以价值为赢盈利基础的产品形象，但是，本田缺乏灵魂和核心——没有灵魂你永远也创造不出品牌文化，更不用说品牌精神。

当哈雷庆贺它的85岁生日时，发生了一件能够充分反映产品制造商与其消费者之间的独特关系的事件。每一个摩托车驾驶者——包括那些并非哈雷产品拥有者的人——都被邀请到哈雷太子的家乡密尔沃基。

此次活动中的每一张邀请卡都为肌肉营养协调协会提供10美元的收入，该协会一直在受到哈雷公司的支持和扶助。超过4万个摩托车驾驶者参加了此次活动，从美国的各个地点出发，不同的团队驶向密尔沃基，最终在此会合。

沃恩·比尔斯以及公司的创始人之一威廉·戴维森的孙子威

哈雷太子与美国的自由渴望密切相关。

哈雷太子：远不仅仅是摩托车。

廉·G.戴维森（William G.Davidson）就在这众多的参与者当中。

正如《财经世界》中一篇人物介绍所写到的："如果哈雷是一种信仰，那么威廉·G.就它的上帝。"

Willie G.——别人这样称呼他——被很多哈雷的信徒奉为上帝。如今已63岁的Willie G.从1963年就开始为哈雷太子的摩托车进行设计，而他的太太南希也是一个哈雷家族的热衷的参与者，整个夏天，她积极地支持哈雷举办的各项活动。在他的牛仔装和黑色皮夹克内，有着领袖的亲笔签名，他能够以此和与他年龄相仿的摩托车驾驶者合影留念，这往往使人受宠若惊，这其中的尊严和骄傲是无穷的。

公司管理层的所有成员参加全美各地举办的各种聚会和活动，并没什么特殊和例外，哈雷太子的信徒们为公司所提出的建议和观点，足以供他们享用。公司现在的老板与其他的管理人员一样，经常外出与消费者接触，哈雷精神的忠实信仰者由此培养了起来。

当1993年6月12日哈雷在密尔沃基庆祝它的90岁生日时，大约10万嘉

哈雷太子从中获利巨大的广告促销夹克。　　Willie G.在做他的标记。

正如《财经世界》中一篇人物介绍所写到的："如果哈雷是一种信仰，那么Willie·G.就是它的上帝。"

宾到场庆贺，周围60英里之内的酒店全部爆满。一个全球范围内的世纪庆典也已进入倒计时阶段。

随着其精神地位的确立，形成一种便于众多的哈雷太子的支持者识别和记忆的象征的需求便不断增长。正如沃恩·比尔斯所说的：

当你的公司标志在世界上琳琅满目的商品中成为老大时，就是你该申领执照之日，这样将赋予你一种诸如棒球、热狗及苹果派等你所经营的商品的荣耀和信誉。

于是，许多新的生命力被注入这一世界级的知名品牌之中，哈雷太子将自己塑造为一个多样化商品的集合，它那虚构的标志出现于从服装、香水、除臭剂到珠宝和钢笔等一切商品。此外，还有一些协议许可经营，如1993年在纽约开业的哈雷太子咖啡屋，1994年，"零部件及附件"又带给它2.565亿美元——使它成为该集团中增长最快的部分。不仅哈雷太子通过这种商业化的运作迅速取得了巨大的成功，就连它的消费者本身也在无形地推动着这个品牌精神的前进——并在一定程度上不断地影响着他们周围的人群和环境。

当成千上万的甚至不能发动起机动脚踏两用车的年轻姑娘们却穿着哈雷太子的摩托短裤享受着其标志所带来的喜悦和骄傲时，已充分地证明了哈雷精神那相当悠长的历史。哈雷太子远不止是一种摩托车，它意味着一种以古老的方式能够感受到的自由，对于它来说，品牌精神确实不足以表达它的全部内涵。

让我们开看看哈雷太子品牌定位的发展：

一、哈雷太子曾经辉煌的地位被低劣的产品质量和对品牌价值的忽视而削弱，面临着破产的威胁，沃恩·比尔斯带领公司东山再起，公司重获新生。

二、赋予这一杰出的品牌以新的生机和活力的工作正在顺利进行，哈雷车主会得以建立，这标志着公司远比以前更加渴望消费者的广泛和积极参与。这一策略取得了成功。

这不是目的地，尚在旅途。

"零部件及附件"是公司增长最快的部分。

三、积极的发展趋势在继续，公司重新获得了在美国超重型机车市场的核心主体地位。此后，商品促销成为极为重要的因素，公司在"零部件及附件"上的营业收入就达4440万美元。

四、4万多人参加了该公司在家乡密尔沃基举办的哈雷85岁生日庆典，一次特殊的旅程在美国出现了。哈雷太子的领袖们，如沃恩·比尔斯和威廉·G.戴维森参加了此次活动，"零部件及附件"的收入达到了7060万美元。

五、在哈雷90周年庆典上，到场嘉宾已经超过了10万人，源自"零部件和附件"的收入已经达到将近2亿美元，成为集团增长最快的部分。第二年，其收入再次升至2.563亿美元。

> **案例要点**
>
> 哈雷太子的发展史揭露了这样一个事实：一个老牌的杰出公司在其经营走下坡路的紧急关头，管理的及时转变挽救了它，因为管理层必须清醒地认识到持续培养非物质价值的重要性。哈雷车主会的建立以及公司管理层对各项活动和聚会的积极参与，为将公司品牌带回到最终的品牌精神的地位起着至关重要的作用，从此，巨大的收入和利益从商品促销中不断涌来。

案例研究

他就是布朗森，他就是维珍

理查德·布朗森是谁？标准答案是："理查德·布朗森就是维珍，维珍就是理查德·布朗森。"世界上最成功的品牌的创造源自于对维珍的真实价值的细微关注，这种价值既不在于它的任何记录和业绩，也不在于航空运输，而是其所有者的个人价值。

消费者购买维珍产品的时候，实际上就是选择了理查德·布朗森，并且通过这种购买行为，公司核心变为了布朗森自己的个人信息发布，它将所有的维珍产品与这个人以及他的方方面面，包括他的冒险倾向、他的反商业手法等联系了起来。布朗森的价值观与公司的"巨人"哲学弥漫到了其所有的商业领域，成为公司的显著特征，它吸引了相当庞大的年轻人的市场——甚至超越了实物产品本身，变得与实物产品似乎并无关联。

布朗森从来不穿西服打领带，他乘坐热气球跨越大西洋和太平洋，他将自己的私人电话号码告知每一位员工，并让他们在有任何问题或新的想法时给他打电话。他曾经公开表示，他的志向是挑战目前已经建立起来的领域——给消费者比他的竞争对手更多的价值。他认为，即使是金融服务，也能通过一个眼神得以销售。他开办了一家唱片公司，并与性手枪乐队签订了合同，你要知道这是一支别人敬而远之的乐队，大家嘲笑布朗森既冲动又愚蠢，然而，几年以后，维珍唱片的销售额达到了100万美元。

每当提到布朗森或维珍的名字的时候，都会引出大量有趣的故事，而这些故事和经历却对公司建立维珍品牌的核心战略起着决定性作用。并没有什么值得称其为神秘的东西——实际上，揭露得越透彻越好，正是这些及类似的故事为消费者提供了购买的理由。

广泛的产品组合，一个坚定的品牌

维珍不仅是唱片公司，同时还是一个旅行社（维珍旅游集团），是一个时装制造企业（维珍服装公司），是一个铁路公司（维珍铁路公司），是一个软饮料生产企业（维珍可乐公司），是一个连锁酒店（维珍大酒店），以及其他的许多公司，整个维珍集团由200多家公司组成。维珍是一个全球性品牌，是一个充分显示了产品多样化和服务多样化的迄今为止前所未闻的品牌。然而，怎么可能在同一品牌下展开从人寿保险到生产可乐如此之广泛的经营活动，却又不至于使品牌或公司陷入沉沦呢？

被大多数其他企业认为是自杀性冒险的维珍的成功源自这样一个事实：正如一些传统品牌（如可口可乐）那样，品牌并不是从某一产品系列中诞生出来的，而是诞生于一个人，诞生于超越产品层次的某一特定的、十分抽象的定性化的价值。

一种产品或服务，只有在与维珍一致时，才能纳入维珍麾下。这样，公司的焦点就不直接地在于产品规格，而在于与一系列情感价值有关的"潜在联系"。作为一项规则，维珍的政策是，新的领域必须满足以下五个标准中的四个：最好的质量、创新性、货币价值、对现有行业的挑战性，以及"娱乐赏玩性"。

公司的分支结构决定某一产品领域是否符合维珍的兴趣和要求，进入新的商业领域所要冒的风险往往与公司的巨人哲学相符合，维珍确定它进入新的领域时，按照以上所列举的标准进行衡量，新的子品牌立即会与已有市场产生竞争——并即刻进入年轻人的意识之中，进入目标市场。正如布朗森自己所说："当我们发现它们已掌握了太过强大的权力时，我们喜欢用品牌去分割一些非常大的公司。"

天空是有限的

英国航空公司长时间的不正当竞争行为反而给维珍带来了无法估量的公众价值，并使布朗森有理由向其不正当的竞争行为所导致的损害提起诉讼。最终，英国航空公司承认了自己的失败，并选择了法庭外和解。1992年12月11日，双方达成了协议，英国航空公司向布朗森个人赔付50万英镑，并向维珍的大西洋航空公司赔偿11万英镑。这笔钱随后在维珍的员工中进行了分配，但对于被证明为具有公司里程碑意义的历史来讲，钱只是其中最不重要的内容。英国航空公司就自己对布朗森及维珍大西洋航空公司的错误谴责进行了道歉，并就英国航空公司的某些员工所采取的对维珍大西洋航空公司的损害行为表示歉意，这成为各个媒体争相报道的黄金热点新闻。维珍胜利的消息成为英国媒体的头版头条新闻（"击败英国航空公司"成为太阳报的头版焦点新闻），并明确而有力地证明行业垄断或霸权是可以被击溃的，那一年，维珍被评为"年度最佳航空公司"。

理查德·布朗森是世界上最成功的企业家之一，他是一个公共关系的天才。

宾馆　航空　音乐　旅游　时装　铁路运输　软饮料

这把维珍伞，共囊括了200多家公司，但一个公司只有在符合维珍的价值和形象要求时才能被纳入其中。

维珍热气球环球挑战——没有结局的故事。

布朗森的媒体现象

布朗森创造了维珍品牌,而他自己是该品牌首当其冲的护卫者和生活方式的鉴赏者。他个人和他的理念直接针对其目标市场,于是对布朗森的认可便成为其品牌优势的基础。布朗森以一个自我塑造的形象展示给世人,他在1969年创办了他的第一个公司——本名为《学生》的杂志,从此以后,他便成功地运用他的才华和智慧,利用他的责任感和能动性,以及他的诀窍,按照已经设定的一套清晰的价值观,去营造公司发展的良好氛围。他以一种非正式的方式——长长的头发、满脸的胡须和随便的休闲服——荡漾在黑色套装的海洋中。事实上,他越是频繁地活跃在公众中,其效果越佳。毫无疑问,布朗森完全清楚自己所带来的人们对维珍概念的理解以及商业效果。正如布朗森在他的自传中写到的:当我创办了维珍大西洋航空公司时,我意识到我必须靠自己去强化和巩固公司形象,并建立起该品牌的内在价值。大多数公司并未认识到宣传媒体的作用,它们往往只拥有一间不知隐藏在什么地方的小办公室。

布朗森将自己牢牢地与他所创造的品牌结合在一起,那些正中要害的做法和决定是成功的关键要素。

站在前沿的创始人,其实毫无秘密可言

布朗森闻名于世。实际上,公司的所有资料都将布朗森描画为"转让人"的形象。关于他个人并无任何秘密——事实上,他运用一切可能的手段接近经过细分的目标市场。旅行社的《维珍太阳报》最近一期假日版的《前言》就是一个很好的例子。

所有的媒体都追踪着布朗森的生活,他敢于冒险,常常会安排并参加一些极富冒险性的活动,借助他个人权力的有效运作,他的个人特性和魅力也

传递给了他们经过细分的目标市场。布朗森在个人的私生活中所从事的一切活动,都服务于公司的目标市场。那些保守和传统的事物根本无法吸引这些人——他们宁愿选择具有叛逆性的维珍,也不愿去参与那些看似庞大的传统大公司,尽管事实上维珍并不像消费者所意识到的那么微小。

布朗森的行为中,品牌价值的意义是十分显著的,就像其自传《丧失我的童贞》的《前言》中所表述的。这本长达400页的畅销书应该是他的第一部自传,以后几年他将会越写越多,书的《前言》渐渐成为他写给自己的两个孩子——哈利和萨姆——的辞别信,因为他担心自己会在热气球探险中丧生。没有什么是太私人化的——布朗森像一个朋友,他通过对你的信任表达他的忠诚,而消费者往往并不会抛却这份忠诚。

热气球效应

布朗森多年来一直是一个热气球运动的爱好者,他的每次升空都会吸引媒体的很多关注。1998年圣诞节,维珍全球挑战者活动成为媒体的焦点。布朗森总是很好的新闻题材——或者说是一个系列剧?起初,三个勇敢的人从摩洛哥的马拉喀什出发,准备环游世界。后来,他们在喜马拉雅山脉上空上演了一场空中戏剧。由于从最初预定的空中走廊出发距离太远,中国政府要求布朗森乘坐的热气球着陆,这个路线的变化也是必要的——由于美英对伊朗的空中袭击。整个过程导致了英国首相托尼·布莱尔以布朗森的名义所做的种种干涉,使得布朗森能够继续他的行程。而最终,由于风力不足,布朗森被迫在夏威夷放弃了这次冒险的旅程。所有这些消息都直接传递到美国有线电视新闻网,传递到互联网上以及全世界的各大媒体。显然,所有这些事件的焦点都在布朗森身上——而这种关注进而使维珍品牌在全世界爆炸般地得以扩散。

类似的事情层出不穷,布朗森总是有数不尽的故事和无穷的创造和推广维珍品牌的机会。然而我们同样能够看到另外一面——布朗森和维珍也受到媒体的反面攻击，他将子公司股票分配给母公司的股东，对其目标市场产生了一定的负面作用。如果是这样，所有200多家公司都将遭受损失。但是现在，布朗森的高瞻远瞩并不会促发任何短期行为。

> **案例要点**
>
> 　　维珍是一个覆盖了极为广泛的产品范围的超级品牌，该品牌的发展和维持来自于布朗森个人的超凡魅力，而这才是真正的品牌价值之所在。布朗森主张反传统——通过对媒体的良好把握和深入挖掘，他将这种观点传输到维珍品牌之中。触之极高，探之极深，正如从布朗森所期望的良好愿望中所获得的巨大利益一样，它将同样受到冲击——当布朗森陷入媒体及目标市场的低谷时。

第2章
动荡背景下公司精神的非凡意义

国际化更需要"精神"

未来最重要的管理工具

为什么需要"精神化"管理?

品牌背后的公司

在平静的水域中，人人都是好水手。

——玛格丽特·里斯

当国际化经营所产生的收益已经成为公司举足轻重的部分时,其经营就变得复杂和困难了,它会打乱公司的平衡。

国际化公司很容易偏离轨道,因为国际社会的发展趋势将致使那些不能及时调整其战略和政策的公司被淘汰出局,而公司能够按照既定的目标成功发展则需要有由精神意志驱动的管理模式。

公司所面临的挑战在于国际化增长,很多公司在国际竞争中涌现出来,而有些已建立起其国际化经营的成功舞台,在这些公司中,有些相当成功,有些则在取得了一定成功的同时,尚存在诸多问题。

只要国内市场仍然是公司绝大部分收益的主要来源,公司的发展就相对容易控制。虽然这不会在一两天之内发生,而且仍需要由公司总部作出决定,但庞大的国际市场确实对公司的产品有着不可忽视的影响。这种新的处境将公司置于一个两难的境地,一方面是生产、产品开发和公司管理的问题,另一方面是开拓国际市场、增加国销售量的问题。这种两难的境地最终还在于管理。随着公司的国际化,诞生了无数具有不同管理理念和不同文化特质的公司,这也致使它们都关注完全不同的事物。只要公司的核心层具有管理的意识和管理的思想,能够从上到下对公司的哪怕最小的分支机构进行非常有效的管理和控制,那么,公司内部所出现的一切问题都是能够得到解决的。

大多数国际化公司既没有公司创始人,也没有公司发展过程中的掌舵人,而公司的高级管理层却对经营效益最好的子公司或分公司掌有最多的控制权。对于一个已占有四五个庞大市场的国际化公司来讲,企图明确公司的使命是什么,以及应该如何去继续等问题,就会变得越来越困难。

国际化更需要"精神"

市场调整概念的提出,为现代企业成功地从其弱势中寻找优势创造了条件和机会。按照这一观点，分权被视为是一种有益的举措。但试问一下你自己，当这种调整是为了适应另外一个问题，同样的市场的不同文化，它是否会削弱原有品牌的效应，是否会动摇它的市场地位？回答当然是肯定的，确实会造成这种结果。这正是市场调整的概念悄然消失的原因。将来，产品调整的依据将是市场，而不是其他的什么途径或方法。这正是可口可乐公司所信奉的市场调整的概念，而该公司也确实在遵循这条原则的过程中取得了成功。

在国际化公司内部，如果销售团队告诉你"我们已研制出能够与竞争对手的低价产品抗衡的产品"，薄弱的管理很可能会有"是的，那当然"这样的认可，因而导致公司力量和精力立即被分散，而忘却了公司原有的追求高品质产品的目标和高质量的形象的初衷，那么公司就很容易陷入一种失衡的状态。

这可能还仅仅是开始。国际化公司能够在产品开发上占有很大的优势，但如果销售和营销跟不上的话，公司也并不会从中获益太多。通常，一个公司需要在不同的市场上具有不同的形象，这一点应该能够理解。但当竞争比较激烈，产品生命周期缩短时，在所有的市场上保持一致的公司形象并坚持自己的核心产品就显得至关重要。

在预期销售量的基础上所作出的预算控制是一种毫无灵活性可言的机械化技术性工作，这也是所有的国际化公司所面临的共同问题。大多数管理工具或管理手段都是以对过去事情的事后管理为重，而对于公司来讲，真正有意义的事情却在于将来。

我曾经听到人们十分严肃地说，企图预测未来根本就是徒劳。但如果你对未来没有任何设想和期望，或者并没有真正想成为它的一部分，那么实际上你已经迷失了方向。那些最终走向停滞的公司，都是固守机械的管理模式和管理系统的公司。对公司的管理远不止于对资源的控制，然而，大多数国际化公司不仅不明白这个道理，还因这根尾巴拖延了公司发展的步伐。

大型国际化公司更需要一种精神化管理：对未来充满憧憬，有能力将全体员工团结起来，无论他在哪里工作，都能够为了公司共同的目标而努力。当今世界上最成功的公司都是由那些具有超凡的能力和独特的人格魅力的人所管理的。新类型的公司都具有人人皆知的指引性哲学和理念——而且人人都会为此作出贡献。

未来最重要的管理工具

精神化管理能够为层出不穷的新产品的复杂性以及不断加快的市场变化速度提供惟一的保障，因此精神化管理将成为未来最重要的管理工具。

对于一个公司来讲，其内部要具有不断创新的能力和凝聚力，其外部则要表现出强大和威力，否则，公司将随时面临被瓦解和崩溃的危险，而其管理的重点也只能是对于新产品、市场份额及销售额的一味关注。更重要的是，公司应该时刻提醒自己明确存在的目的，以及其在未来的五年将要完成的使命。这正是战略计划所要着重考虑的，但在大公司里，任何一个企图这样做的人都十分明白，高级管理层本身在公司发展计划的过程中真正所做的努力却是多么微乎其微。令人不解的是，许多管理咨询公司却能够在从未涉及公司核心问题的情况下比其管理层更有能力制定出公司计划。

成功的国际化公司都是那些其管理层能够获取有价值的、可靠而真实的信息的公司，这些信息包括：谁是公司最重要的客户？公司的前进方向在哪里？它们是那些管理者能够利用自身优势和特长有效地将公司的价值观、公司的文化以及公司的目标传递给全体员工的公司，这些公司已经——无论是有意还是无意地——创立了其公司精神，换句话说，一种以精神化为驱动力的管理在公司内部已经形成。那些能够在公司精神的指引

> 那些能够在公司精神的指引下经营公司而同时又能把握市场的人或公司，将会是新的赢家。

下经营公司而同时能把握市场的人或公司，将会是新的赢家。

成功经营的公司总是将其国际化资源集中使用在同一个或相同的方向上，不会有浪费，不会有因自私的利己主义所造成的毫无意义的权力斗争。当今，有效的公司精神的最好例证之一就是比尔·盖茨的微软公司。他通过他的公司精神在领导着整个公司，并把握着整个市场。在微软的员工中，几乎无人不晓公司的宗旨和它的内涵。微软这样一个获得了辉煌的成就并赚取了大笔财富的公司，其之所以如此并非是一种巧合。

为什么需要"精神化"管理？

国际社会的发展趋势使每一个国际化公司的领导人都感觉到一种压力，他们不得不在国际化经营可能带来的公司动荡和它赢得的成功之间进行衡量。积极的发展有赖于强有力的管理，而这并不是指高度分散的多样化经营。

因此，让我们来仔细地关注一下这些发展的趋势：

趋势1：从国内公司发展为国际化公司

大多数公司都是从国内经营开始的，以扩大销售量为其主要目的和驱动力——从而开始出口，公司国际化经营的步伐便由此迈开，但仍缺乏适当的和相应的组织变革。

图2-1 五种混乱的趋势

目前你所创建的公司是一个下设诸多独立的分支机构的大型母公司，它很可能是一个无利可图、不具任何同一性和相容性，并因此而不快乐、不融洽的大家庭。在这个大家庭中，没有观念意识的共享，没有灵魂上的统一。正如我已经说过的，市场调整的概念将会被颠倒，不是公司顺应市场，而是市场适应公司。因此可想而知，很明显，为了公司精神的确立，需要使用多少资源。很多国际化公司都面临着混乱和动荡的威胁，正如图中所示，这五种趋势扮演着十分重要的角色，本章将对它们一一加以说明。

图2-1反映了公司在国际化进程中的典型特征：

一、国内营销

公司只在国内市场上经营。

二、有两个到五个分支机构的国内营销

当公司的国内市场已经相当稳固时，就会出现出口的迹象，而此时，情况就会变得复杂和混乱。

实际上，公司并不是在所有的市场上销售同一种商品，每一个市场都有它自己对商品的独特要求，特定的商品适合于不同的地区，这因此会影响公司的最初目标。管理者很少能够清晰地知晓公司的形象和定位应如何随市场的变化而进行相应的变化，很少有人敢于在背离子公司愿望的前提下贯彻其初始意志。正是在这一阶段，公司经营变得惨淡。为什么？因为当市场调整开始的时候，公司会发现其在生产上的盈利实在是太少，而如果它们具有一种信念，就不会让这种情况继续发展下去。

三、拥有多家子公司的国际化公司

该种类型的公司已实现了国际化，并拥有在各个国际市场都具有强大的市场地位的产品。产品的这种优势有时能够使公司的发展不偏离轨道。在这种情况下，这种占据强势地位的产品就体现了某种精神，只要该产品能保持其在市场上的地位不变，公司则一切正常。然而，产品创新及贸易壁垒的取消都在不断地改变着市场，因此在当今市场上，仅仅销售一种产品已经远远不够。真正重要的，是将产品概念纳入营销的范畴，使新的产品能够加入连续的产品序列之中。谁还能清楚地记得IBM公司在近几年所开发和研制的计算机型号，或者索尼公司所生产的高保真音响设备的型号？公司的生存在于其明确而坚定的国际化概念，在于这一概念所倡导

图2-2　国际化过程

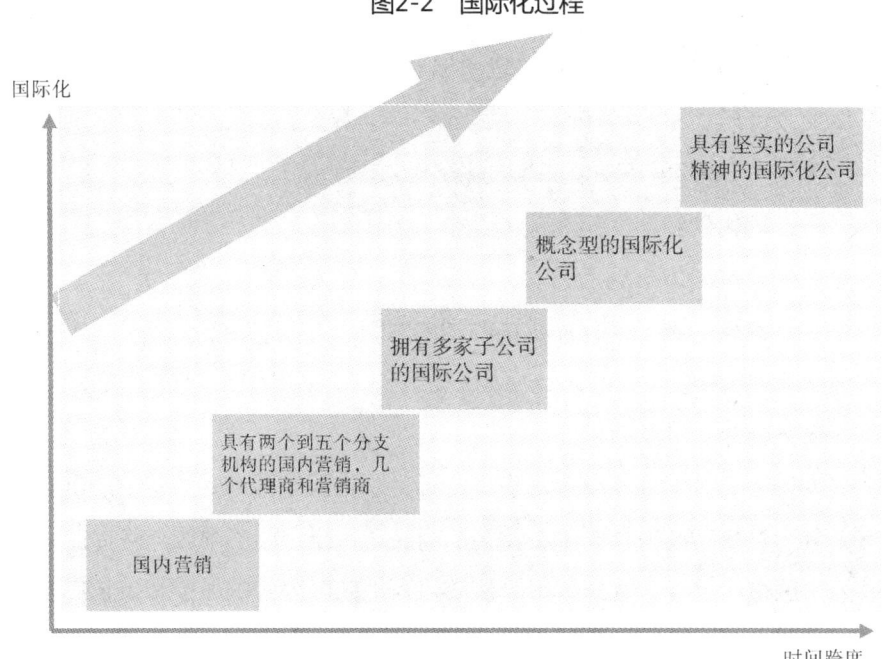

从国内公司转变为国际化公司是一个通常要经历五个步骤的演进过程。

图2-3a 非同一性的国际化公司

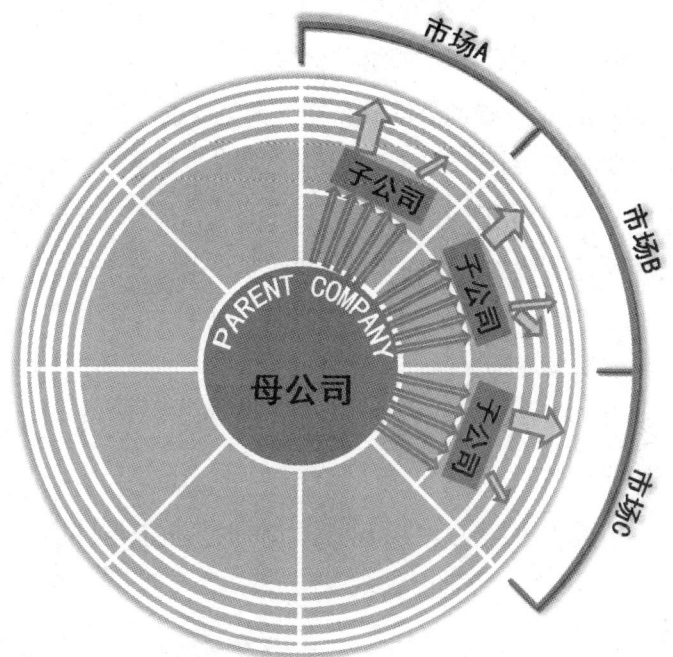

这类公司的特点是，由于多个分权机构的存在，如子公司或分公司，公司总部与其消费者或客户的沟通和联络被破坏。被允许独立的分支机构越多，情况就越糟。拥有多个独立的分支机构最终将导致相互冲突与不协调，消费者的影响作用便会消失。因为从消费者那里得到的信息经过各子公司的筛选和过滤后再传递给公司总部，这会使一个本来就很坏的情况变得更糟。

的能够不断地将新的产品推向市场，以满足目标消费群体。

也正是在这一阶段，由于得以分权的子公司掌握了公司发展的命脉，大多数国际化公司陷入了严重的困境。在不同市场上的不同消费者却正在渴求完全不同的产品，不管公司推出什么样的产品，最终也只能满足现有消费者的一半需求。

四、概念型国际化公司

具有清晰化概念的公司时刻与国际化趋势保持着一致，以保证与市场的直接联系，尤其是与其客户或消费者的直接对话与沟通。通过这种方式，公司将新的知识和信息从公司总部传递到各个市场，同时能够从这些市场上得到相应的市场反馈。

五、具有稳固的公司精神的国际化公司

这类公司的很好的例子就是微软、可口可乐公司和哈雷太子。它们都在向一个共同的目标奋进，从来不毫无理性地随意设置分支机构或子公司——它们只将资源用于提升和强化自己的公司精神。这使得它们能够在激烈的市场竞争和瞬息万变的市场环境中长久地生存下去，并使每一位员工安心于各自恰当的位置上。这样的组织必定是一个有影响且具有凝聚力的组织，它的每一个成员都出于同样的理由，在为同样的目标而努力。

认为全球化市场并不存在的观点仍然十分普遍，但不管跨越多少国界，你总能发现同样的产品及其相应的消费群体，同样的细分市场随处可见。

图2-3b　具有同一性的国际化公司

具有同一性的国际化公司

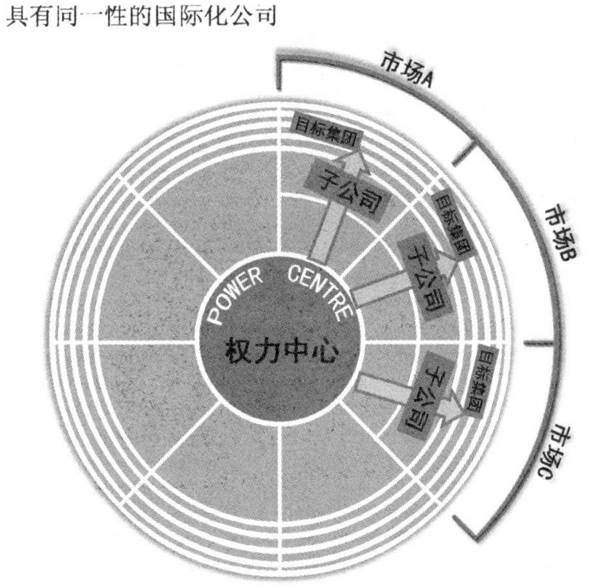

国际化公司的同一性在于其具有中心控制力的公司精神。公司总部重新掌握权力，而分支机构或子公司演变为行使公司使命的办事处。借此，所有的市场都因一个一致观念的贯穿而对同一个群体产生影响，信息能够自由而充分地在消费者与成为权力中心的母公司之间流动和传递。

任何一个能够抓住全球市场空缺的人都会有走向成功的机会和可能。规模经济确实能够带来某些竞争优势，但它同时也能使那些热衷于传统经营方式的公司的市场空间有所收缩。由于坚持不同市场的不同定位，公司必须花很多精力和时间去对市场作出及时的反应，因而很可能会作出杂乱无章的决策。

如果缺乏一位能够及时找到新的策略并进行新的定位的管理者，这将是一种很容易被推向毁灭的极为脆弱的生存状态。如图2-3a所示，对于一个国际化公司来说，与消费者建立直接对话十分重要：这样的组织才是能够明确其方略并了解市场需求的组织。如果信息首先传递给分支机构或子公司，经过它们的筛选和过滤，管理层所得到的就很可能是已经混乱和不清晰的信息，这就不可能使公司集中利用和分配市场资源。

图2-3a显示了该系统是如何在国际化公司内发生作用的。在极为传统的市场调整过程中，往往具有内部过滤系统，主要反映在公司总部与消费者之间的分权管理和"区域管理"上，开发新产品和开拓新市场所需要的信息不会按照它所预期的方式进行，在公司和公司产品的目标消费群体之间根本没有直接的沟通。在传统的组织中，由于人人各持不同的观点，其发展的步伐将会因此而停滞，公司管理的问题变成了谁最强大的问题——甚至成了谁最后说了算的问题。

他们应该做的是集中精力凝聚所有人的力量和心志，让他们为同一个目标而努力。子公司的问题在于，它们通常被禁锢在尽力去"理解"消费者，而这种努力对于寻求切实可行的市场定位却可能并没有直接的联系和太大的意义。

为了维持国际化进程的持续进行，各子公司需要在母公司的羽翼下创造独立的组织，而强大的公司精神将会使这一进程变得更加容易。

然而，传统的子公司或分支机构的设置形式毕竟已经成为过去，随着产品生命周期的不断缩短，衡量真正成功的标准已经成为面对市场变化作出相应反应的速度。要能够对市场环境迅速采取应对措施，则需要有中心化管理，正如图2-3b中所表示的。听从和依靠当地公司命令的年代已经过去了，国际化公司所面临的重要任务应该是：再次聚集所有的力量。

图2-4a反映了从一个具有同一性的组织严密的公司变为一个不具有一致性的国际化公司的典型过程，它涉及两个部分：一部分是以生产和产品开发为导向的母公司；另一部分是以销售为导向的分公司或子公司。由于以满足各个子公司的不同需求为主要工作内容，母公司很可能会成为仅仅是发布生产命令的公司。当公司的外销量超出了内销量时，在母公司与子公司或分公司之间就会出现权力纷争，此时便会产生两个受不同利益驱动并追求不同目标而各自分离的公司。这正是国际化公司在其发展过程中可能出现的最糟糕的境况，而许多公司正是未能过这一关。如果没有过于激烈的竞争，将市场份额控制在10%到25%之间的公司相对来说能够生存得

图2-4a 国际化进程走向停

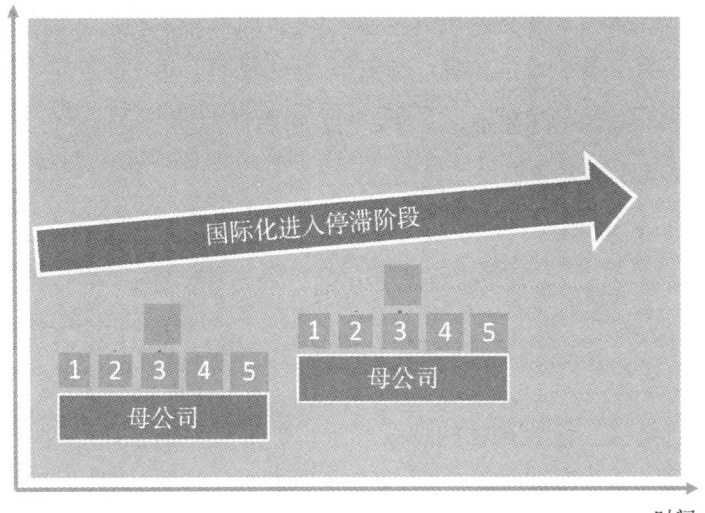

对于国际化公司来说，传统的组织结构已经不再适用。母公司的状况意味着不同的公司具有不同的目标。通过从母公司分离而实行各自的发展模式，国际化进程陷入停滞。

更长久一些,因为它们仅仅以扩大销售量为目的,它们所能占据的市场空间与其高昂的促销代价之间的平衡与匹配为其设置了自然的限制,使它们不会陷得太深,走得太远。

通过对比,成功的国际化公司将母公司与各个分支机构合并为一个统一的整体,按照同样的步骤和计划,向着同一个方向前进。然而,将一个绝对传统的国际化公司转变为一个具有同一性和协调性的公司并非一件容易的事情。如果高级管理层比较薄弱,那么它将导致的则是一场令人精疲力竭的权力斗争,而这样的公司也注定是竞争中的失败者。

成功的秘诀在于,管理层要具有以建立与消费者的直接对话为基础的管理理念,而不是以从其众多的子公司或分公司中挤榨出一些信息为管理目标。如果国际化公司具有一种公司精神,促使其为共同的目标而奋进的过程就会更加容易。简言之,通向成功之路在于创造具有同一性和协调性的国际化公司。

趋势2:从产品到理念的转换

过去,我们只是在简单而单纯地出售商品,而今天,市场正在向促销产品概念的方向发展,销售的目的是为了创造能够区别于竞争对手的品牌。产品已经从其原始的分类中彻底解放出来,更多的价值和更强的竞争力包含在产品之中。这种专业化市场由许多以知识为基础的公司组成,它们通过持续不断的对话与市场交换着思想并传递着信息,而这种对话不仅推动了市场的发展,也促进了公司本身更多地融入市场。这是一个高度需求化的市场,如果你想站在潮头,开放和速度则必不可少。这里不得不再次提到微软公司这样一个好的例证,借助大众传播媒体的力量,世界都在了解比尔·盖茨的思想和观念,使公司在聆听市场的同时也被市场捕捉。整个过程都是自我贯穿的,它形成了全球观念以及新的产品。微软已经达到了顶点,而它经久不衰的驱动力则在于公司精神。

公司要借助公司精神来控制市场并向组织提出很高的要求。附加在品牌中的价值越高，消费者的参与度越高，对公司的要求就越高。品牌越是高度发展的，复杂性越大，消费者购买该产品的原因也就不仅仅局限于该产品本身。拥有稳定的强势品牌的公司，其主要任务将是如何保持并提升品牌价值，而不是实物产品本身。

"完整的"产品概念还要求包括诸如信息、服务及培训等多种因素，而教育培训和控制公司在全球销售产品方面是必不可少的。而且，由于几乎任何领域内的知识交流与传递都在全球范围内进行和实现，因此这种要求应该在各地都是相同的。如果产品概念不能在全球范围内保持一致，那么同一品牌在不同市场将会面临不同的命运。

可口可乐公司和麦当劳公司是关于代表相同价值的同一品牌的例子，无论在世界的什么地方，这种品牌的同一性都使消费者能够很轻易地对其进行识别。对于这两个公司来讲，在国家和地区的不同市场开发、生产和销售实物产品是远远不够的，它们还得教育、培训它们的员工，按完全相同的二方式在每一个国家单独建立它们的组织。可口可乐公司和麦当劳公司正是借此保证了它们在全世界的同一性和一致性。

在一瓶可口可乐中能够注入多少知识和信息是有限的。然而，对于普通的消费者而言，却很容易创造知识概念，美体小铺是一个很好的例子，它是一家用公司精神的知识为基础建立起来的公司，它在销售每一盒面霜、每一块肥皂和每一支眨眼线笔的同时还在推广环保意识和观念，这使得该公司的生存概念在一个专业化市场中发展到了极致。再比如，药业巨人史克毕成就拥有它自己的内部大学，以培训对企业精神有高度认同感的员工。

趋势3：产品生命周期在缩短

市场的特点和历史决定了，市场竞争就是价格和质量的竞争，这是任何一个融入市场的人或公司都无法逃避的，除非你准备修改这一基本的竞争规则。大量的公司正是如此，它们用营销观念和知识观念超越产品层面而构筑起服务和融合意识，宝洁公司就是创建占据市场领导地位品牌的专家和高手。

具有新的技术和营销优势的产品不断涌现，但如今，新产品在市场上生存的时间却越来越短，甚至对于最大的市场玩家来讲，其前行的步伐也是非常艰难。与母公司最先将新产品引入市场时相比，难道我们还没有发觉其在新市场普及和渗透的速度是多么缓慢吗？

无论你处在该系统中的哪个位置，主要问题永远是相同的：缺少核心定位。由于新产品意味着新的知识和新的异议与争论，以产品销量为核心的子公司发展往往很缓慢——这对于很多销售人员来说是令人头疼的。除此之外，还有很多会阻碍国际化战略得以实施的因素，以下列举几个典型因素：

一、诸如将营销资源释译为当地语言这样的琐事，会将整个产品的投放期延缓半年到一年的时间。

二、产品投入市场的相关培训通常会将人力耗尽，在产品真正走入正轨前就已经流逝了大量的时间。

三、在公司的发展过程中，理念化的引入及产品战略的应用并不十分顺利，各子公司的反对往往会使其陷入困境——会引发"那不适合我们的市场"的综合反应。

高层管理者对管理缺乏足够而深刻的认识，他们只是一味操纵着公司并将所有子公司推向创新。许多管理者或领导者只将公司视为一根只出不进的管道，片面注重其对消费者的输出，而没有用公司精神的理念去激励其员工。

日益缩短的产品生命周期实际上只是问题的一个方面，所谓的"应对"系统，即当国际化公司准备从最初的传统产品中转移出来时是否能够顺利实现——包括应对其竞争对手——是问题的另一个方面。不久的将来，国际化公司很快就会发现，一个高效的生产转换系统将是公司击败其他竞争对手而得以生存的关键，而如果公司同时具有有效的反馈体系，能够及时捕捉到消费者的发展趋势，那么就持有了通向成功之门的钥匙。

趋势4：对变化的迅疾反应

从简单的产品销售转换到包括理念、服务和知识在内的全部销售过程，会增加公司捕捉市场动态的难度，这种新的运作模式要求越来越多的人参与到决策过程之中。因此，建立能够从国际市场中的使用者或购买者那里搜集准确信息的反馈系统就变得日益重要。

国际化公司之间的激烈竞争缩短了产品生命周期曲线，同时，当如此之多的额外因素被包括在产品中时，未来管理中的不确定因素不断增加则是再自然不过的事情，而面对这种变化和不确定性，迅速的、及时的反应则是至关重要的。

趋势5：从品牌单一化向品牌多样化的转换

国际化公司的本质决定了它们需要不断地开发并向市场投放新产品，销量的驱动便能够挖掘出最佳的市场定位。然而同时，它也会带来一个十分不幸的结果——它会使组织被分散，这种分散不仅反映在销售上，也反映在其各个部门中。

随着时间的流逝，这一行动不可避免地会导致产品的层出不穷与极大丰富。如果新产品的出现及新的产品组合不能达到所预期的成功，那么最基本的业务经营也会受到影响，甚至更糟的是，公司的发展常常被狭隘的短期资金回收和销量增长的愿望所制约。珍贵的注意力只是吝惜地转向长期效益，比如公司想获得什么，以及其使命是什么，因此公司被拉向另一种发展状态，一个十分模糊的公司形象呈现出来，除非该独立产品本身具有高度稳定的品牌效应，否则公司将很难获得一个清晰的轮廓。

由于母公司的设立并不是针对使用者和消费者的，因此如果一家公司拥有众多的独立品牌，它们应该相互结合并适应。但如果拥有众多品牌和产品的公司同时又扮演着销售者的角色，那么消费者将会感到不解和迷惑。

与那些独立公司拥有各自品牌的多品牌公司以及一家公司在同一品牌下生产全部产品的公司相比，宝洁公司和玛氏公司与它们迥然不同。佳能是一个公司品牌的好例证，彩色冲印机、照相机、便携式计算器、打印机及个人电脑等，在对它们进行识别时，你都会发现烙在它们身上的佳能的名字。

在消费者试图搞清佳能究竟代表什么时，都有一些小小的疑惑。佳能将自己的竞争焦点降低到质量层面，如果这是佳能所希望的，则一切都好。但问题是，当激烈的竞争爆发在某一单一产品领域时，它们的优势就会被吞没。此处的竞争是指来自那些懂如何激发消费者积极参与的公司的竞争。这种状况将迫使佳能在其众多不同产品中建立起有效的桥梁，以使消费者明白其在同一公司下经营如此众多产品的原因。

品牌背后的公司

在国际化公司寻求增长时，引发消费过热的趋势十分普遍。为了避免将自身淹没，大多数公司都会将自己分割成不同品牌，而公司则步入后台。宝洁公司和通用汽车公司就借此取得了极大的成功，但这种方法还是存在问题的。在国际范围内推广一个品牌其代价是十分高昂的，这会迫使公司在营销主打品牌和推广公司声誉之间作出选择，而这正关系到当今消费者已经厌倦的空洞的营销战。消费者已经一次一次被愚弄，他们正在寻找诚信的品牌和诚信的产品。出于这些原因，消费者可能更愿意选择那些能够为他们提供有用的产品和服务的可靠公司。

汽车是一个很好的例证。对于消费者来说，生产者可能具有与他们所考虑选择的车型同等重要的地位，不管其型号多么迷人，消费者都必须首先能够接受其生产者，然后才会愿意接受该车型。与其他任何汽车生产商一样，斯柯达也能够生产运动型车，但由于其可靠性总是不那么稳定，其销售价格却总是难以超过3万英镑。为了树立运动车品牌的良好信誉，斯柯达不得不首先实现其高度可靠性，这样该公司才得以成为社会普遍认可的昂贵汽车生产商。

丰田公司很敏锐地意识到了这一问题的重要性，该公司曾经有一个定位于中低档汽车市场的企业，并欲将其业务拓展到高档汽车市场，而问题是，在销售高价位汽车时能否保持其在中低价位市场上所获得的"值得购买"的可靠度和信誉度？为了避免毁坏自己的形象，丰田公司开发出了一个全新的品牌——雷克萨斯，这是一个与奔驰和宝马相竞争的豪华型汽车，而且相当成功。但是，这是一个代价十分高昂的战略，丰田公司不得不在全世界创建专门的组织机构，配备相应的销售人员和技师，以满足高档汽车市场的特殊需求，为顾客提供专门的服务和质量保证。与此同时，丰田公司为凌志车型实施了一项全球营销战略，倾其所有现存的基本设施为其配送和销售服务。丰田公司成功地实施了该战略，将两个完全不

> 那些敢于用发展的眼光考虑长远利益的管理者却会提出完全不同的问题："我们如何能够进一步巩固该品牌？"

同的品牌推向了国际市场，并使公司本身获得了更大的优势。大型国际化公司清楚地了解保持一贯的作风和一致的形象是多么重要，而同样，在寻求利润增长中避免品牌崩溃又是多么困难。目光短浅、注重短期现金流量的管理者会这样问："我们能将该品牌拓展到何种程度？"那些敢于用发展的眼光考虑长远利益的管理者却会提出完全不同的问题："我们如何能够进一步巩固该品牌？"如果能这样想，那么你的公司将会持续和谐地发展。

MD食品公司是欧洲十大奶制品企业之一，其品牌为Hong，该公司创建于1920年，以法国卡门贝浓味软乳酪为主。经过多年的发展，Hong品牌所包含的内容已经逐渐扩大，从诸如丹麦蓝的蓝奶酪，到蓝白混合的文化模式奶酪系列，该品牌在不断地拓展，其范围越来越广。品牌的一致性得以实现，一切都在顺利发展，因为不同的奶酪已被不同的消费群体所理解和接受。然而，这也同样为其竞争对手Tholstrup提供了机会。Tholstrup在一种现代口味的新型蓝奶酪市场上找到了自己的位置，并迅速地在该细分市场上取得了成功。同时，MD食品公司开始用Hong的各种名称来统一它所有种类的奶酪——甚至普通的黄色丹麦产多孔味淡的哈瓦蒂干酪、瑞士多孔干酪、有栅格纹的奶酪及其他各种奶酪。随着Hong不断淡化其品牌，Tholstrup抓住机会继续巩固其在现代蓝奶酪市场上的地位，而时至今日，Tholstrup成了富有文化底蕴的奶酪的领导者。MD食品公司应该严格保持其品牌系列的一致性，并利用其全部资源在公司内外强化其竞争优势，巩固其市场地位，而不应该是混淆消费者的视听。专业技能、经验和资源是MD食品公司的财富，它们在今天被再一次挖掘和使用，品牌分散已经终止，公司已经通过放弃一些非文化型奶酪的产品强化了其品牌地位。

MD食品公司希望成为文化型奶酪市场上的行家里手，它的专有技术也使其成为可能。肩负着致力于重新恢复MD食品公司先前的品牌文化的使命，它将自己纳入了营销范畴以重获其地位。

关于品牌、品牌文化、品牌精神和公司精神的整个问题，将在以后的章节中进行阐述。Hong的故事是关于使命如何创造一个品牌，以及核心能力的完全丧失又将如何摧毁它的一个绝好例子。当这种精神或信仰重新建立起来后——这是关键的价值之所在，从产品开发到消费者，Hong的品牌又开始重新发挥其作用。

第3章
品牌精神

未来成败的关键

探究品牌价值

"参与"才是王道

品牌定位为什么重要

想象力成就品牌精神

怎样让人钟情于你的品牌

品牌也有等级链

心灵有它的理由,而那是不能揣测的。

——布莱士·帕斯卡

仅靠耀眼的产品已经不再足够了，重要的是市场地位，而公司能够企及的最高的市场地位是消费者能够将其品牌认知为一种品牌精神。对于公司来讲，达到这一层面的先决条件是，深入了解品牌机制，了解能够提高品牌价值的因素。

> 正是品牌的市场地位，而不是产品的市场地位决定公司是否能够取得成功，品牌之争将成为将来的主战场。

未来成败的关键

公司运转在于其产品的推动，而决定公司价值及其市场地位则在于品牌。以产品来维系公司命运的时代已经不复存在，今天，如此迅猛的发展使得产品已经不再是竞争的焦点，有效而富有推动力的公司管理正致力于将普通的产品提升为品牌，因为正是品牌的市场地位，而不是产品的市场地位决定公司是否能够取得成功，品牌之争将成为将来的主战场。

探究品牌价值

根据对品牌价值的不同兴趣和不同理解，品牌价值具有诸多的含义。如果你只注重于公司的买卖，那么品牌价值可以表述为品牌的现金价值。另一种价值是品牌资产，它的计算更加困难。英国的国际品牌公司是一家全球领先的专业化品牌咨询公司，该公司利用一系列定量化变量对品牌资产进行计算，它拥有一套专业的计算方法，该方法被美国的《财经世界》杂志简化后使用，每年对最有价值的品牌进行公布。但本书的根本目的不在于品牌资产的计算，而在于在创造强势品牌地位中起着重要作用的情感价值的创建。

品牌价值往往借助一些定性化指标来计算，如知识、优势、市场份额及配送程度等，由于产品的实物价值在决定品牌的市场地位中的作用在逐步降低，因此品牌价值的衡量需要加入一些新的指标，其中首先就是品牌价值中的非物质因素和情感因素。如图3-1所示，为了使品牌的市场地位易于辨别，必须在其传统的功能性价值中融入情感价值。

我们知道有些品牌在既没有获得通常意义上所追求的销售量，也没有占据一定市场份额的情况下却能赢得极大的优势并博得消费者的认可，当然，这些产品可能已经老化或仅仅是不够好，但实际上原因并非如此简单，在决定品牌的市场地位方面，一定还有其他一些重要因素。

以可口可乐为例，可口可乐所取得的不朽的成功源自于它能够为人们解渴这种说法并不准确，而其真正的原因在于可口可乐的情感销售点，

图3-1 决定品牌价值的因素

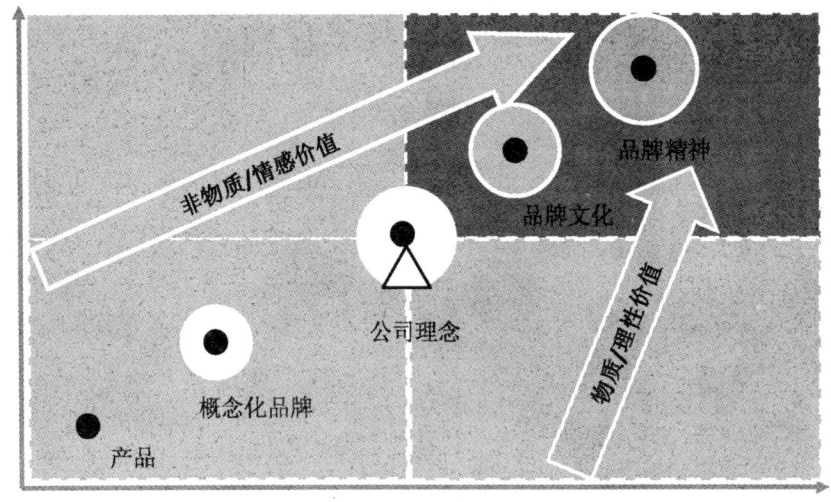

因为它符合美国人松弛的生活方式,能够为人们带来快乐和自如。可口可乐公司所创造的一种全世界人类都能够识别的情感化世界并非是一种巧合或偶然,同时需要注意的是,它也在其量化指标上以及物流配送上做出了很大的努力。当你能够在任何地方随意买到可口可乐时,这就是一个有力的证明:作为一个品牌,可口可乐已经成为现代生活中很自然的一部分。

这种感觉的产生对情感支撑的有效性提出了较高层面上的要求,并决定着品牌的地位和价值。这就是为什么在市场激战中获胜的公司,正是那些知道如何优化其特定品牌的定量化价值和定性化价值的公司。

一些全球化公司已经认识到该如何挖掘这一知识要素,以成功销售同一品牌下的不同产品,维珍和拉夫·劳伦公司是很好的例子。当然,也有一些经营糟糕的公司,这通常是因为它们只是将公司的名称冠在不同的产品上,却没有真正意识到消费者心目中的品牌地位才是起决定性作用的因素。因此,一旦品牌的内容过于杂乱或发生外溢,品牌地位将被摧毁。

"参与"才是王道

消费者在品牌中的参与度,是与定性化品牌价值相关的指标。消费者或许知道某一品牌且具有某一偏好,但他们如何才能够对它们真正产生兴趣呢?这正是高度／低度参与性所要分析和阐明的。当消费者将品牌作为一种精神来认知时,其对品牌的参与度也将达到最高,而当他们感到其与自己有"密切关系"时,即不会被拒绝时,自身就会参与到其中。品牌可以有多重含义和多层价值,但最终的评判官永远是消费者。品牌在消费者中的稳固程度,以及高度参与性是建立强大品牌地位的关键。

鼓励消费者参与到品牌之中这一理念并无什么新的东西,其目的只是要建立一种持久的消费者偏好,或者说是价值。著名的FCB广告代理公司通过将不同的产品分为高参与度和低参与度两类来进行,将这一概念应用于其产品营销之中。

FCB的这一模型曾经被广泛地应用于消费者能够充分参与到其中的诸多产品之中，而大米、面粉及土豆之类的东西是低参与度产品，曾经被认为在这些产品中，不可能激发消费者的积极参与。然而，这一说法屡次被推翻，因为原则上，只要你为自己设定了目标，你的账户里有足够的钱去搞各种推广活动，你就有可能使任何产品都具有高度参与性。

高参与度是未来成功的关键，消费者的品牌参与度越高，该品牌的市场地位就越高，其所获得的价值就越高。但是，高价值并非毫无由来，它需要去创造，其先决条件来自于公司的不懈努力，一方面以对话的形式与消费者沟通，了解他们的需求；另一方面要真正地让他们参与到品牌之中。

FCB模型以产品分类为核心，而图3-2则以品牌进行区分。在该模型中，品牌按参与度的不同分为不同的层次，从下到上依次为低参与度产品到品牌精神，具体分为：产品阶段、概念化品牌阶段、公司理念阶段、品牌文化阶段和品牌精神阶段。

无论生产商感觉其品牌所包含的价值有多么高，最终决定该品牌价值创造是否成功还是在于消费者的评价。由此可能会引出这样的问题："不同的细分市场的消费者，是否会对同一品牌有不同的理解和认知？"答案当然是肯定的，而这一现实状况也必须被看做重要的考量指标。对于同一品牌，不同细分市场的消费者的参与度则不同，有些消费者对品牌的价值十分认同，而有些则可能并不十

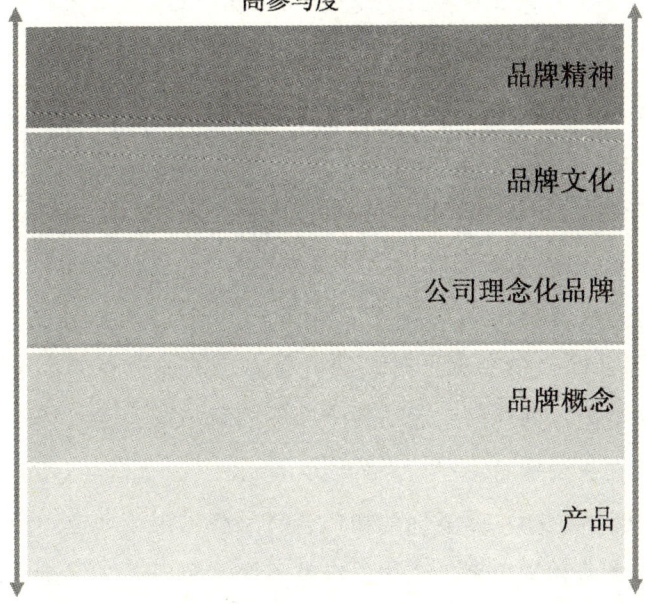

图3-2 品牌参与层次计划

参与度必须在单一品牌下进行衡量,而不是针对不同品牌,一般来说,囊括全部产品范畴的品牌可以实现高参与度,而最大可能的参与度则在消费者将品牌提升为品牌精神时体现。

分在意或对品牌价值持有消极的态度,其参与度极低。知识能够跨越不同的消费群体,有趣的是消费者在不同参与度之间的分布。由于参与度反映了品牌优势和消费者的品牌忠诚度,因此,要成功地运作一个品牌,就需要清楚地了解消费者在参与度轴上的分布状况——以及为什么这样分布。

消费者的品牌参与度越高,他们越愿意为该品牌付出,越愿意购买该产品。高露洁这样的公司向市场上推出不同价值的各种高露洁牙膏,其目的显然是要捕

> 消费者的品牌参与度越高,他们越愿意为该品牌付出,越愿意购买该产品。

获不同参与度的消费者。最高参与度的消费者愿意购买价格相对较高的、最好的产品,但这却远不是大多数消费者的代表。为此,该公司同时为低参与度的主流消费者生产价格相对较便宜的牙膏。对于市场目标过于庞大的生产商来讲,以不同参与度的消费者为目标,必须提供同一产品的不同类型和规格,这是很重要的。

大量的市场调研数据表明,10%的目标群体的参与度在品牌精神层面,15%在品牌文化层面,20%在公司理念层面,25%在品牌概念,30%在产品层面。

由此可见,了解目标市场中真正对品牌执着追求的消费者的数量是十分重要的,且该衡量标准能够引起对各个独立国家市场的跟从和追随。衡量标准必须建立在消费者消费行为的现实基础之上,这样你才能明白他们如何受到品牌的影响,以及他们如何看待品牌的市场地位。相对而言,子公司、消费者和使用者的个体思维就不那么重要了,但遗憾的是,这却常常是大型国际化公司所选择的衡量基准。未来的成功将取决于有效的控制系统、对市场监控的分析以及有价值信息的搜集。只有借助于这些数据和资料,公司才能作出正确的决策,采取正确的行动。

品牌定位为什么重要

如果说有什么对于公司来讲是至关重要的,那就是品牌定位。公司用以衡量其品牌定位的参照模型是本章的核心,即图3-3。在该图中,不同的品牌定位都相互关联,品牌定位不是一个静止的过程,将该图视为一个品牌发展的动态模型,其最终的定位是让目标消费群体将该品牌认知为一个品牌精神。要达到这一目标,首先要使品牌的定量化价值和人性化价值最优化,每一个攀升至该位置的品牌都是经历了模型中所示的各个阶段的结果,下面就每一个发展阶段进行详细分析。

图3-3 品牌地位越稳固，品牌等级就越高

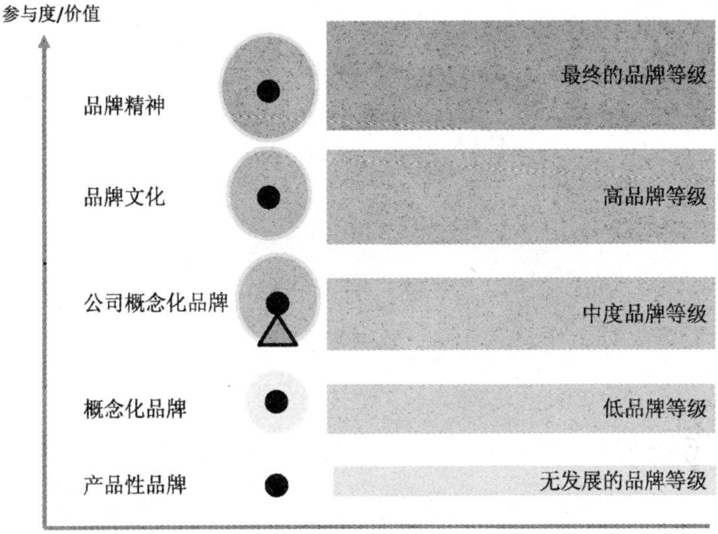

品牌地位与品牌所能够容纳的产品品种之间有着极为紧密的关系，品牌等级越高，品牌与原始实物产品的联系就越小，品牌等级中所能包含的产品种类也就越多。

只有当产品中附加了一定价值后，才能够产生消费者参与并形成强势品牌。同一属性产品的重要性在于其连续性，这才是真正区分不同品牌的关键。为了达到能够将品牌与公司紧密结合起来的参与度，需要形成一致、统一的公司理念。

产品性品牌

品牌定位的最低阶段是产品阶段。在此阶段，产品只是徒有一个名称，与能够附着在其中的更深的价值相脱离，此时所销售的，仅仅是一个功能化的物件，最贴切的比喻是"基因遗传"，但要注意，品牌化了的产品同样也会缺乏品牌价值。

概念化品牌

第二个阶段是品牌理念阶段，该阶段通常以情感价值为特征。在此阶段，品牌建设已成为建立和维持竞争优势的关键，甚至传统的同属性产品也能够用情感价值进行营销，金吉达水果、纽特和英特尔都是典型的品牌导向型营销。

英特尔的品牌建设起始于1991年，以在产品一年内更换几次的商业领域内建立消费者忠诚度为目标，它开始与将"英特尔芯片"印于其广告宣传中的不同的个人计算机生产商进行合作，其效果是明显的。在短短的两年间，英特尔的认知度从22％上升到80％以上。另一个靠品牌策略赢得稳固市场的例子是贝纳通。不是所有的服装都能够吸引消费者的目光，而贝纳通的品牌概念却做到了这一点。该公司成功地使消费者积极参与，成功地创造了其市场地位和价值，但却忽略了一点：公司理念。

公司概念化品牌

消费者购买行为远不是某些独立品牌广告大战的结果，只有了解了这一点，才能达到更高的品牌层次。将来，消费者对产品的支持与排斥将会越来越明显，甚至可以说，消费者购买的将不仅仅是品牌本身，还包括生产该产品的公司，它与品牌相关的所有东西都必须保持一致与和谐，这是其根本原因。没有可靠度和可信度，就根本不用考虑企图达到品牌层次的最高层，即参与轴上的最高点。

贝纳通是一个强盛的概念化品牌，但它能持续多久？公司所做的还远远不够。

有些人或许认为是"声名狼藉"的、栩栩如生的广告，如艾滋病病毒、难民、童工及溅满了鲜血的波斯尼亚人的T恤衫等，将贝纳通的形象迅速提升为一个为人类的苦难而担忧的令人信服和可靠的公司。但问题是，该公司是否真的如此名副其实呢？或者，其实它是否更加热衷于赛车呢？毕竟，人人都知道该公司在一级方程式中投入了巨资。如果真是这样的话，消费者实际上就是被一个声称致力于社会问题的公司的空名所蒙蔽。如果该公司不能够在它所做的一切事情中取得一致，它就不可能达到最高的参与水平，至少不能在长时间内维持这种状态。

> 如果该公司不能够在它所做的一切事情中取得一致，它就不可能达到最高的参与水平，至少不能在长时间内维持这种状态。

各种不同的品牌必须在公司理念的统一下相互结合，才可以创造品牌的可靠度和信任度，这也就意味着我们的产品、理念、形象、组织和沟通之间应该建立起清晰而明确的和谐关系。

如果贝纳通具有一个公司理念，那么，该公司就能够将公司及其品牌结合为一个统一体。就像安妮塔·罗迪克所经的美体小铺一样，它能够严格地履行其在广告中所承诺的，并能够与被认知为真诚的消费者建立良好的对话关系。如果公司试图减少媒体对其不道德行为进行披露的风险，公司理念在此就会发挥作用。公司的管理层必须时刻警惕，以实现公司整体的结合，并保证公司的整体行为与其所传输给公众的信息完全一致。同时，公司清醒地了解其与外界的接触，其口碑以及其所期望获得的以品牌地位为目标的信息也同样重要。

对于管理者来说，要想实现公司理念，仅仅作出理论上的决策是不够的，还必须采取实际的行动。这是一个变化迅疾的年代，无论什么样的奇思妙想，公司都能够立即将其转化为一种新的公司特征，建立一种新的公司形象。问题在于，对于大多数公司来说，新的公司形象到头来却完全是浪费时间，徒劳无益。

那些企图通过改变公司的头衔设计等方式设立新的公司形象和特质的管理者却没有认识到这一问题。新的形象必须有坚实的基础，而公司的各个部门都应该协同一致地向着同一个目标努力。

公司理念以消费者、公司及品牌之间深厚而可靠的关系的存在为特征，要达到这一目标将是一个十分艰难的过程。当公司理念充分发挥其作用时，品牌价值就会得以真正建立，消费者的参与度就会更高。

一种品牌必须具备一定程度的一致性，这种一致性要使消费者能够感受到它是来自于同一个具有统一的核心及哲学理念的公司，它使你既能够加入又能够退出。这些因素不可避免地相互关联，而这种核心理念正在整个市场上传播和蔓延。

以汽车工业为例，质量因素和情感价值是如此重要，以至于品牌地位一旦确立，公司在型号更替方面就不会存在问题。这种现象在时装行业甚至更加明显。产品生命周期如今已极为短暂，从而导致了对品牌内在价值的更多依赖。

如果公司的管理模式是以其使命而非产品驱动性为导向，那么公司就会更加富有动力和活力。

如果你的公司还没有以一种公司理念在运作，那么就应该建立这种机制。在选择以什么样的理念作为公司理念之前，应该对公司的强势和弱势进行分析，当然更关键的是要了解所有市场上的消费者的观点和意见。公司形象必须反映这种理念，以给消费者一个统一而一致的印象。

公司理念形成以后，组织必须适应这一理念，正如北欧航空公司之所为。为了实践它的"商人航空"的理念，北欧航空公司不得不使它的服务为人所知，而这正相应地为该组织进行了重新定位。

公司理念并不是一个静止的事物，它要求公司高级管理层与市场进行更多、更广泛的接触与交流。可以用对公司使命的陈述和表达进行替换，以为你提供一个有用的管理工具。

短暂的产品生命周期尤其要求公司的紧密联系与沟通，它们互相依存，而且，清晰的使命能够避免分支机构与母公司的偏离，从而使它们符合总公司的宗旨。

事实上，国际市场上的消费者能够将动力与活力带入公司理念之中，并由此正确把握公司航线的高级管理层之间相互作用的过程。当然，这有赖于管理者将公司由一个以财务指标为目标的机构转换为一个融入消费者积极参与的精神型组织。只有这样，公司才能不断前进。

高级管理层对其真实使命的勾勒和确定并无确定的方法，我们称其为战场的指挥官和司令员，而不是簿记员。大型国际化公司的生存完全依赖于组织的全方位、同方向发展，在这一过程中，必须有人去指明方向并时刻进行调整，以保证消费者无论在何处都能感受到同一的理念。

毫无疑问，当今世界的所有商业领域的发展趋势都是在走向核心化和聚集化，或者说公司理念背后的观念在某种程度上发挥着它的作用，辅助品牌以及公司本身都得以销售和推广，使公司能够致力于其核心业务的拓展并保证整体上的一致性。范围太大的多样化品牌和太过广泛的公司品牌缺少一致性和协同性，这会破坏单一品牌的可靠性。能够让消费者参与并最终赢得市场地位的品牌，是具有一致性的品牌。

当国际化公司首次达到能够将所有力量和资源全部用于实现其使命的一致性阶段时，它就有可能获得那种能够在产品范畴内将品牌提升为一种文化的优势。

品牌文化

当意识到公司理念的重要性并已形成强大而可靠的公司理念后，就可以将目光转向下一个层面，也就是品牌文化。品牌文化意味着一个品牌已经获得了稳固的市场地位，使消费者意识到该品牌与其所代表的功能的一致性与等同性。比如，对于数百万人来说，凯络格就意味着健康的早餐，凯络格在餐桌上的存在就是一种早餐文化。该品牌不仅在与其他的谷类品牌进行竞争，它还是其他早餐产品的竞争对手。另外一个例子是高露洁，对消费者而言，高露洁不仅是牙膏，它就是牙齿卫生与健康的灵魂与核心。

品牌之间的竞争是一种文化的竞争。起初，新的品牌面临着巨大的反向压力，但如果其目标能够按既定的方向逐步达成，那么最终将能够实现品牌文化。

很显然，品牌文化能够创造出非常坚固的市场地位，它在带来高收入的同时，也设置了较高的市场进入壁垒。消费者并非以完全一样的方式或程度对某一品牌进行参与，因此，一个品牌针对所有消费者并不都是同一种品牌文化，这其中要领会的关键一点是，让核心目标消费群体尽享品牌文化，新的消费者同时就会被吸引进来，如凯络格。

所有的品牌文化都是在它们的消费者需求中渐渐培养起来的，它们以这样或那样的方式从普通的产品阶段升华，达到理念层面，这意味着知识的内涵被注入了品牌之中，使该品牌比同类的其他产品更具可信度和可靠性。竞争对手可能具有更高的知识技术含量和更高的质量，但与消费者观念相比它仍处于次要地位。在此，公司如何能够很好地将品牌全面、完整而真实地进行传输就显得至关重要。

高露洁与牙科专家保持着亲密的关系和紧密的联系，并不断地开发产品的艺术价值，以使我们的牙齿更白。对于很多人来说，麦当劳就是对快餐的诠释，该公司在保持质量永久不变的前提下不断地创造着新的同类产品。高露洁取得了如此巨大的成功，以至于来自营养专家的阻力日益减弱。在计算机市场上，微软公司在文化的竞争中取得了极大的成功，并从IBM公司手中争得了市场。微软借助其对市场未来发展的准确预测回报着市场，并以此将软件与"计算机文化"联系和等同起来。

在软饮料领域，可口可乐突出地迎合了美国人的文化，成为美国文化的代表，而且这已得到了广泛的认可并征服了整个世界，正如迪斯尼已稳固地垄断了"家庭价值"的全部含义。在迪斯尼乐园的帮助下,他们在其主要的目标消费群体,也就是青少年市场使消费者做到了直接而充分的参与,因为只有孩子,才是能够将离奇的神话故事还原为生动场景的群体。在这类公司中,有些在品牌文化层面上已取得了相当程度的成功,使它们有条件进一步将其提升为品牌精神。

大多数品牌文化的建设和维持是一个持久的过程,因为消费者在不断地受到各种因素的影响,这使得品牌成为其日常生活中不可或缺的一部分。

由此又涉及对市场资源和营销资源的广泛应用,因为品牌文化是需要不断推广和宣传的。对于囊括内容和种类极丰富的多样化品牌来说,值得注意的一点是,无论该品牌要打入哪个国家的哪个市场,都要坚持其同一的文化特质,即使当不同国家的文化之间产生冲突时,品牌文化的统一性都是必不可少的。当一个公司进入一个新的领域时,总会引发的不同文化之间的碰撞与矛盾。在短期内,适应另一个国家的文化与传统或许是一个好的想法,但从长期来看,由于其地位的一致性可能会被破坏,因此对对方文化的顺应就会对公司有害。

品牌精神

当一个品牌成为其目标消费群体的品牌精神时,便达到了品牌的最高层次。品牌文化与品牌精神之间的转换并不是固定的,但品牌精神是扩展的、更加强

> 当一个品牌成为其目标消费群体的品牌精神时,便达到了品牌的最高层次。

> 对于消费者来说，这种品牌是一种必然的选择——是一种信仰，他们信赖它，并情愿去尝试该品牌精神所代表的同类产品中的其他品牌。

大和稳固的品牌文化。对于消费者来说，这种品牌是一种必然的选择——是一种信仰，他们信赖它，并情愿去尝试该品牌精神所代表的同类产品中的其他品牌。

实物产品资产能够为消费者提供一个最佳的出路和最终的自我价值的实现，但品牌却远不止于此。要想用最有效的方式同时实现有关品牌的定量化要素和定性化要素的最优，是一件十分困难的事情。但当你致力于品牌精神的建设并为之努力时，作为一种回报，你会实现大规模的价值创造。当今的公司，只要其各类产品能够维持相互的关联以及其与品牌精神的关联，就能够在其统一的品牌下销售所有种类的产品。美体小铺就认识到了这一点，它的销售链在坚持天然配方、对环境关注的基础上也在推广一种精神、一种信仰，并以高度道德的方式将这种精神和信仰附含在产品之中。该公司强调它对用动物做实验的反对，并突出它与第三世界国家的团结和对其事业的支持。

美体小铺的品牌精神使它能够以"人性化"特征销售不同的产品，因为它所包含的远不止是消费者所购买的产品。拥有如此稳固的品牌地位赋予了公司极大的优势，使公司能够获得忠诚度极高的消费者。美体小铺正是由于自身控制着其精神而以自身为前提和基础赢得了这些优势。在这一状态下，竞争对手很难再赢得忠实于美体小铺的消费者，因为这些消费者已经不再是传统的产品质量和价格等因素可以影响和左右的了。

一个拥有丰富资源的大型公司会自发地形成品牌

精神，可口可乐就是一个很好的例证。如果一定要为其对信仰者的重要性找出一些理由和证据的话，那么就可以用1985年可口可乐对其口味进行神奇变换时所做出的令人敬畏的行动来证明。

可口可乐公司当然已经对这一新的口味进行了品尝和测试，但它却未能体味出并不是一种类型的所有价值都能够被"品尝"出来，而它们中的大部分实际上只能够被感受。在短短的几个月时间里，以"可口可乐"命名的原始滋味的可乐又重新回到了市场上，这种行为实际上并未改变品牌精神。

然而，由于可口可乐公司一直坚持将其品牌精神不断地进行宣传，所以它的地位越来越稳固。每一天，都有新的"信仰者"加入可口可乐的队伍和事业之中，这些信仰者帮助可口可乐公司击败了竞争对手并赢得了品牌文化战争的胜利。更重要的是，通过资助和沟通，可口可乐已经成为全球青年文化的一个不可或缺的部分。这就是一个软饮料公司如何创造了其作为"软饮品牌"的决定性的可靠度。正如我们在第1章中所了解到的，哈雷太子是品牌精神的另一个例子。哈雷太子是摩托车，但它又远远不只是代表一种摩托车。哈雷太子是一种倡导"自由"的精神。需要注意的是，在原始的实物产品和其所真正销售的事物之间如何总是存在着巨大的差距。

原始的实物产品本身只是品牌的一个很小的组成部分，品牌由一系列的原材料、非物质利益及其他相关附件组成，上图通过众多知名品牌中品牌的原始核心内容和整个品牌之间的差异反映出了这一点。比如，哈雷太子的原始产品是摩托车，但哈雷太子这一品牌却关系到更多、更广的内容——"自由"本身，而正是这种关联，赋予了该品牌无比丰富的价值内涵。

想象力成就品牌精神

品牌精神的创造在于丰富的想象力和独特的创意,这才是消费者真正购买的东西。在有意识地向巨大而坚固的品牌地位挺进的过程中,必须要有明确的使命,以使公司的品牌能够超越产品本身而达到更高的层次。通向品牌精神的阶梯需要通过一致的公司理念的实现,而公司理念的形成反过来又要求品牌中蕴涵一定的使命。当我们谈论国际化公司时,很重要的一点是,其使命要与国际市场相协调和配合,且这种使命的确立来自消费者与公司的相互作用与影响。

使命能保证品牌永不丧失动力,从关注静止不变的产品质量中摆脱出来,并将公司带入一个富含诸多定性化价值的使命之中,就能够增加品牌的价值含量。这一过程涉及从对产品的产品化定义向对产品的价值化定义的转换,是品牌建设的使命在掌握着公司发展和前进的命运。这一过程完成之后,主要的任务则是一切决策和行动都围绕着品牌进行,并使整个公司遵循使命的完成。只有当麦当劳控制了整个组织,建立了营销观念和商店,培养了能够提供相同产品的人员,且最重要的是,创造了相同的程序和步骤时,只有每次都是如此,它才能够实现成为理想的家庭式餐厅的目标。换句话说,公司必须具备在每一个单独的市场传播其精神的体系。那么,其含义是什么呢?这意味着管理者必须开始以一种新的方式思考,因为在品牌精神已经形成的状态下,公司受制于价值的作用,而非产品质量和产品的销售状况。要促使公司向最终的品牌精神的层面演进,公司精神是必需的因素。

以下的案例是关于北欧航空公司的,它反映了在品牌建设的起步阶段,思维和想象力对于公司理念的形成的重要性。

案例研究

商人航空

詹·卡尔森在创造了以商人的独特需要为基础的公司精神后,将北欧航空公司带向了巨大的成功。

北欧航空公司的所有权分布在三个国家,这在世界航空界是独一无二的。该公司作为瑞典(ABA)、挪威(DNL)和丹麦(DDL)的三家国家航空公司的联盟,创建于1946年,公司股份均等地分配于私人股东和这三个国家之间,瑞典占3/7,挪威和丹麦各占2/7。北欧航空公司整个的网格状划分的发展与公司的地位并没有任何匹配和融合之处,直到瑞典人卡尔森被聘为公司航线划分的领导人时,这种状态还一直维持着。在卡尔森就任两年前,北欧航空公司在经过了17年的盈利后滑入了赤字的旋涡,公司面对的是满腹牢骚的消费者和毫无动力、意志消沉的员工。公司必须进行某些变革。与其他的一些主要人员一起,卡尔森开始分析形势,结果得出了将公司的根本目标转向营业收入的改善的结论,并提出了相应的战略性措施。

一种新的理念

卡尔森清醒地认识到,除了那些公司本身业务需要所必须完成的运输业务之外,还必须提升公司的价值。为此,他将重点放在了商人的需求方面,并以此为突破口。他的目标是使北欧航空公司成为"频繁旅行的商人们最喜欢的航空公司",公司的一切经营活动都将与该理念相匹配和吻合,任何有可能有助于为商人们提供最舒适的服务和旅程的东西都被做了深入而细致的调查和考证。

北欧航空公司的公司理念

卡尔森成功地创造了将所有要素之间的关系清晰表达的惊人的公司理念,而其出发点就是"商人航空"的想法,这就为产品赋予了一系列具体的需求,更具体、更快捷、更灵活的航线由此产生。其形象很清楚:整个北欧航空公司都是在为商业旅行人员提供优质的服务而努力。飞机中的欧等舱只是其中的一个例子。该组织得到不断的培训,以为客户提供最好的服务,机舱服务人员都配置了由卡尔文·克莱恩设计的新制服。"新的"北欧航空公司通过时髦的广告宣传自己,明确地表达了其以满足商人的需要为核心的服务宗旨,但关键的传输方式还是卡尔森亲自进行,媒体对他

十分钟爱，他也远不止于只是扮演他自己的个人角色，还包括整个公司。

规律而频繁的航班及其准时性成为公司的优势所在，而这种优势的取得要求彻底而巨大的组织变革，虽然它实际上在最初是被拒绝和排斥的，但随着调查的不断深入却会越来越显示出其可行性。

让每个人都清楚地了解实施变革的重要性是十分关键的，因此公司内部产生了用以解释其详细原因的指南。卡尔森将这一观念提升到包括营销、公司形象、服务、员工、航线及始发点等众多因素在内的公司精神的层面上，而如果这一观念只是产生于营销部门并作为一种广告战而存在，那么它永远也不会取得如此巨大而辉煌的成功。

还有很关键的一点是，要让消费者意识到，北欧航空公司是严肃而认真地对待它所承诺的一切的，而且它所采取的一切尽力使商人们的旅程更加舒适的措施都严格地遵循着其宗旨的一致性。北欧航空公司不仅只是一种品牌——它代表着以一种同样的方式思考和行动的公司。

能力超群且魅力超凡的卡尔森

卡尔森的超凡魅力和他的神话色彩在很大程度上与公司的成功发展有关。他所倡导的这种精神在向公司外部传输的同时，在公司内部也受到严格的精神化管理的驱动，他们在以为商人提供更好的服务为基础的公司文化的创造中成功地实践了自己的诺言和期望。公司员工被派送到学校去接受培训，并实施了新的管理模式。他们所做的每一件事都充分地显示出北欧航空公司是在真正地为其所承诺的更好的服务而努力。卡尔森通过媒体与他的组织进行沟通，就像比尔·盖茨对微软所做的一样。这种方法非常有效，因为当一种新的管理理论被媒体所报道后，每一个人对其深深的信任都会随之增加。

卡尔森有一本小红书，用以分发给所有的员工阅读。这本书浅显易懂，便于人理解。在北欧航空公司，没有人怀疑他们所追求的事业和他们所遵从的战略。

航空年度这一战略发挥着它应有的作用。小飞机更加频繁且十分准时地起飞，而且还提供可以被感知的不断提高的服务。北欧航空公司将商业舱称为欧等舱，这本身就是一个品牌，任何一个支付了全部价款的乘客都可以享受到。北欧航空公司并没有为欧等舱的乘客设置专门的舱位，而是用可移动的窗帘将两个不同等级舱位的乘客划分开来。这一办法具有相当的灵活性，并被效仿。不久以后，北欧航空公司成为两个不同等级舱位的领先者。到1982年，北欧航空公司已经成为欧洲最准时的航班，并连续9年保持着此位置。

1985年，公司的营业利润首次超过了1亿英镑。在众多辉煌的业绩中，1984年的美航年度奖值得一提。《世界航空运输杂志》所颁发的相对不那么重要的奖项却往往并不能引起足够的重视，瑞士航空公司在上一年得到这一奖项时，也只有少数几家报纸做了些微的报道，这是衡量奖项价值的一个标准，卡尔森对此并不满意。但受媒体之邀，他赶赴纽约领奖，然后在纽约最豪华的迪斯科舞厅举办了庆祝会。整个事件都被一个极有影响力的节目转播，公司形象及其所取得的成功也由此得到传播。因此，接受奖项是卡尔森推广其公司的独特方式。

在卡尔森与其员工们举行的庆祝会上，群情激昂，人们的热情难以抑制。他的左边是副总裁，他的右边是挪威代理董事。

甚至在公司内部，人们也为卡尔森能够在媒体中挖掘出其个人影响的积极一面感到震惊。他曾召开过一个新闻发布会，展现一种刚好适合北欧航空公司的乘客专用的茶杯和能够折叠放入其中的茶匙，此时显示他的能力已经达到了极点。

飞机库里的喧闹

分享成功的喜悦总是令人快乐的，但是在北欧航空公司，员工们感受到的是近乎疯狂的欣喜，这从卡尔森及其同事举办的庞大的聚会上就可见一斑，当然也不能忘记新闻媒体的作用。

庆祝活动全方位地在奥斯陆、斯德哥尔摩和哥本哈根的飞机库里举行，这是一个压倒了所有聚会的盛大的聚会，卡尔森则是庆祝仪式的核心人物。曾经一度，他的风头甚至盖过了特为本次活动聘请的顶级丹麦摇滚乐队的首席吉他手，每一个人都欣喜若狂。这正是公司精神之含义的极致反映。卡尔森同样能够将坚实的公司精神应用于其消费者之中，因此在很短的时间内，北欧航空公司就成了对于商人们来说极富效力的品牌文化。北欧航空公司成功的市场定位为它带来了一个接一个的胜利，从此，它在其目标市场中的地位进一步得到巩固，与此同时，它的公司精神很快也成了商人们的信仰，如果你是一个真正的商人，那就请乘坐北欧航空公司的飞机。

这种精神的创造在于公司高层的深入参与和影响——换句话说，在于公司的精神化管理。它显示出只要招数正确，就能够迅速而有效地将公司领向正确的轨道。

紧急着陆

很久以来，卡尔森以及北欧航空公司都一切顺利。然而，形势终于出现了变化，对于公司来说，要保持其对服务的专注已经相当困难，一部分原因在于北欧航空公司所抱有的雄心壮志过度地挖掘了其资源。在这一阶段，北欧航空公司以"门到门"的服务宗旨为商人们提供服务，包括宾馆住宿以及有关信用卡的服务。

卡尔森的雄心还表现在另外一个方面。20世纪80年代初，他已经形成了一种想法，开始考虑交通的解放将会如何给欧洲市场带来根本性的变革。卡尔森认为，这也同样会给美国市场带来一定的发展，因为在美国市场上，只有最具实力、能够负担得起高昂成本的公司才能够在这种价格自由竞争的转变中得以生存。卡尔森因此规划了其愿景目标，即北欧航空公司将成为"1995年的五大航空公司之一"。他预测，只有英国航空公司、汉莎航空公司、法国航空公司以及其他的两家航空公司能够生存。在此愿景目标的指导下，北欧航空公司被引向了收购、兼并以及／或者形成卡特尔的道路，试图以此而成为它们中的一员。

1993年11月，就在瑞士航空公司、奥地利航空公司、荷兰皇家航空公司和北欧航空公司的兼并即将成为现实之际，荷兰皇家航空公司却宣布退出。或许是卡尔森错误地估计了形势，抑或是他只是有些超前，在1985年生存下来的欧洲22家航空公司在1995年都顺利地渡过了难关。这种对未来的错误估计导致卡尔森被迫离开了公司，该公司此后又陷入了财政危机。就像胜利源源不断地到来一样，失败也是接踵而来。

当你立志向精神的层面上跃进时，你也会变得十分脆弱，尤其当你的消费者（在该案例中就是商人）很期望看到成功时，公司发展的每一步都必须小心谨慎。卡尔森的兼并策略向公司内部透露，北欧航空公司的5周年记中这样写道：

"这一次，詹·卡尔森没有与他的组织保持同步，他似乎已经放弃了他曾经推崇的精神。公司管理层并没有将他们的精力真正地放在他们所从事的工作中，这一共同感受在公司内开始变得普遍。"

看起来似乎是卡尔森本人而不是组织需要一个新的愿景目标，一个能够平衡公司整个管理的强有力的管理者或许能够保持公司按照既定的轨道前行。但尽管如此，担任公司最高管理者12年的卡尔森仍然是执掌北欧航空公司时间最长的人，他完全有理由高昂着头离开公司。

卡尔森仍然是公司有史以来最进步的领导者，准确地讲，是因为他了解精神化管理的重要性，并且清楚地知道它如何能够在组织内部和外部市场上同时发挥其作用。卡尔森在它的细分市场上仍然占据着一席之地。或许对于其目标消费群体来说，北欧航空公司已不再是一种精神，但它的品牌文化在市场上的影响力和地位却不能改变，这才是公司可以选择其取舍的条件。

北欧航空公司品牌地位的演进与发展

一、直到1982年，北欧航空公司都只是经营其航空运输业务。1978年和1979年是其业绩最好的年份，利润达到上千万英镑，而此后的两年又出现了亏损。

二、卡尔森于1981年上任，从此创造了一个坚固而一致的公司理念。为了使北欧航空公司成为"商人航空"，他们尽了一切努力，而且得到了立竿见影的效果。

三、甜蜜的成功：公司历史上最辉煌的时期是1988年，利润高达3亿英镑。

四、一个新的愿景目标的确立改变了公司的核心理念，兼并计划失败，卡尔森离开了北欧航空公司，他的精神也因此而流逝。

案例要点

围绕着"商人航空"而建立起来的坚固的公司理念使得北欧航空公司在卡尔森的领导下取得了巨大成功。他重新对产品进行了定义，并借助其高度可见且极富推动力的领导能力，在公司内外创造了公司精神，这就是北欧航空公司所走的品牌精神之路。

怎样让人钟情于你的品牌

在品牌建设中，增加产品价值十分关键，这样才能使消费者积极参与。而消费者参与度越高，品牌的价值增加也就越多。

品牌建设之所以如此困难，其原因在于它的价值决定了人对事物的主观理解和观念。盲视测试是极易引起误解和错误结论的，谁能说消费者的品位和偏好导致其钟情于一种品牌而非其他？对于一个品牌来讲，仅仅有高度的认知度和偏好是不够的，它还必须符合个人将其金钱花费于某一特定产品的特殊需要、追求和愿望，而只有当该品牌的人性化特征真正迎合个体消费者时，这种愿望才会产生，这其中显然包括产品设计所要满足的基本需求，产品质量必须时刻保持与其期望水平的一致性。

在品牌建设中，增加产品价值十分关键，这样才能使消费者积极参与。消费者的参与度越高，品牌的价值增加也就越多。

决定品牌对消费者价值高低的因素有很多，为了便于对这些因素的不同作用进行有效的衡量，在此引入了一个令人有些困惑且难以理解的方法，其中包括常用的知识技术含量和意识偏好因素。在近几年的研究中，好与恶的概念得到应用，它重在分析消费者与之建立联系的有关产品的主观价值。要创造更高的参与度，以及建立更坚固的品牌，就必须既重视软性的定性化价值的提高，又同时关注硬性的定量化价值的提高。

既然决定品牌价值的因素如此之多，就应收集尽可能多的精确的知识以形成品牌建设和参与度的衡量基础。举例说明：可口可乐不断地为其消费者在产品中注入越来越多的价值，这样消费者在全世界消费它的机会和可能性就越多。

当一个品牌已经被全社会普遍接受和认可并具有极高的信誉度时，通常的性价比对它来说就不那么重要了，因为高价往往是高质量、高信誉品牌的标志和证明，理性价值和情感价值就不可避免地与赋予品牌以价值的"实质性关系"相连。

案例研究

骆驼品牌：全球品牌公司的炫耀资本

全球品牌公司(WBI)的创建是为了强化和拓展骆驼品牌，骆驼军用品公司其实是一家没名气的小公司，正是借助不平凡的营销创意，它竟然迅速树立起坚固的品牌形象，使得它的消费者遍布世界各地。

全球品牌公司已经很清楚地意识到，软性的非物质价值是品牌特异化的决定性因素，它在品牌建设关系中起着十分关键的作用。全球品牌公司始建于1981年，是拥有杰出的骆驼香烟品牌的雷诺士－纳贝斯克烟草及食品控股集团的一个组成部分。该公司的主要任务是配合母公司的品牌建设工作，主要是加强骆驼品牌的推广和巩固。通过包括品牌本身的扩展和其价值附加的提升在内的全面开拓，走品牌多样化道路，以创造出更丰厚的利润。在这一过程中，除了通常的多样化工作之外，全球品牌公司还在品牌管理和品牌建设上投入了更多的精力。全球品牌公司将品牌多样化定义为：对品牌所进行的以多样化为目的、与生俱来的良好愿望的商业化挖掘。

全球品牌公司通过骆驼品牌创造了高度的参与度。从为骆驼品牌创造了如此众多的相关性的价值开始，全球品牌公司拥有了整个产品系列中的多样化品牌，并稳固地维持了其在品牌天堂的地位。

全球品牌公司的总部设在德国科隆，今天，它已是拥有85名员工（他们有一些是骆驼品牌的先前生产者），并在全世界设有20多家管理机构的独立组织，他们的工作专一地围绕着一个核心：它的品牌。

所有的生产都有许可证的保证，全球品牌公司的萌芽状态是1980年在巴西所做的关于骆驼品牌的风险投入。

骆驼军用品

自从1980年以来，骆驼军用品的活动就成了一个年度性计划和活动，由全球品牌公司及与之合作的全球事务管理公司（它也是雷诺士－纳贝斯克烟草及食品控股集团的成员之一）进行策划和安排。骆驼军用品是兰德－罗孚公司（兰德－罗孚公司是合作投资者）与传统的风险投资的混合体，它们肩负着品牌建设的艰巨任务。有关骆驼军用品的活动已经在四大洲最令人兴奋和最具挑战性的地区举行了17次。最近的一次是从智利的圣地亚哥到阿根廷的乌休艾亚，全长3000英里，耗时3个星期。骆驼军用品是完全针对业余爱好者的，而专业士兵却不允许作用，因此，有机会融入该品牌的是"普通"的消费者。对于骆驼品牌来讲，在每一个特定的国家和地区各有两个竞争对手（斯堪的纳维亚被认为是其中之一）。公司明确地认清了来自众多国家的众多竞争者，确信引起广大媒体兴趣的重要性，而且明白国内媒体当然是对本国的竞争对手最感兴趣。

在采取实际行动之前，往往会有一个很长的筛选过程，由于在诸多潜在的参与者中包含着极为巨大的兴趣点，因此这一筛选是十分必要的。每年，都有100多万潜在的竞争者为成为最后的40个成功的市场生存者而斗争和努力着，全球品牌公司并不隐瞒筛选过程中个人能力和吸引力在与媒体沟通和交流中所扮演的重要角色这一事实，因为这就是商业——投资

全球品牌公司将"品牌多样化"这一术语用以描述公司的行动,虽然本书中的其他地方用了"品牌拓展"这一词汇,但它们是一致的——虽然全球品牌公司认为这一表达并不完全适用于它的行为。

在骆驼军用品中,有很多能够捕捉到引人入胜的画面和可用于促销的精美宣传页的机会。

必须得到它的应有回报。这种回报通过新闻报道开始产生——新闻报道通常是品牌建设最可靠、最强大的资源。所有的参与者当然都必须签约,以赋予组织者以无限的权利,使其在骆驼品牌及骆驼产品的广告宣传中能够自由使用其名称、形象及经历和背景。

全球品牌公司通过认真分析媒体报道的焦点,计算每年有多少消费者加入骆驼品牌中来。事实证明,公众的认可和参与在近几年确实在不断膨胀。

所有的参与者都配备有骆驼探险装备,其目的有两个:第一,所有的新产品在正式推向市场之前,都可以由这些新闻参与者进行测试。实践证明这一做法十分奏效且很可取,曾经有过产品经这些试用者建议后进行调整和改进的例子。而且借此,其产品的可靠性便从与其活动的紧密联系中自然产生。将装备配备给这些新闻参与者的第二个目的是为新闻媒体提供独一无二的丰富的产品资源,当然,所有的促销图片和影片都来自于骆驼军用品。这一措施对于激发消费者在其品牌领域的广泛参与发挥着十分有效的作用,最早的100万名消费者已经高度参与到骆驼品牌之中,而上百万的消费者也因为喜欢品牌自然和阳刚之气而加入了骆驼行列,品牌的可靠性和一致性便围绕着品牌的所有方面被创造出来,骆驼使该品牌成为消费者能够感受到的活生生的事物,而这个胜利背后的王牌是新闻媒体的作用。

新闻媒体的力量

新闻报道意味着骆驼公司经济上的成功,因而全球品牌公司非常重视新闻媒体。当地办事处在各自的市场上开发并维持着与新闻代理商及记者的广泛联系,来自世界各地的300多名记者被邀请到这一活动之中,他们所享受到的待遇也产生了可靠的保障效应——也就是说,他们都愿意再次前来!由此所产生的利益几乎类似于奥运会的巨大影响。美国有线新闻网、音乐电视及欧洲体育频道都参与了宣传骆驼公司的活动,而未能在实地进行报道的媒体也通过它们所收到的有关事件的报道转播或转载了这些内容。骆驼公司在其公司精神的传播中抓住了任何一个可能的机会。

多样化

全球品牌公司赚了大笔的钱,1995年,该公司的营业收入为4.3亿美元,这些收入来自于骆驼品牌产品的多样化经营,这其中有两个很关键的组成部分——骆驼品牌和骆驼军用品。骆驼品牌主要以经营传统服装为主;而骆驼军用品则包括骆驼军用探险鞋、骆驼军用探险服、骆驼军用手表以及与这些产品有关的非物质附加价值。全球品牌公司所从事的生产由众多不同的公司进行:Salamander生产鞋子和靴子;Melco生产手表;Michael Belheim国际公司生产背包;Bultel国际时装公司、Dornbusch公司、Como体育运动品公司和Sportsartikel户外运动品公司生产服装。所有产品的这种分工协作和标准都以符合骆驼军用品的价值准则为核心,不允许任何有损于品牌的事情存在。骆驼军用品的这一做法有力地证明,通过提升大事件中非物质价值,一项好的投资能促使品牌沿着参与轴上升,而大事件实际上就是为了激发和刺激消费者对品牌的忠实度和提高品牌信誉而策划的活动,它是纯"商业炫耀"。

> **案例要点**
>
> 全球品牌公司是一个很好的典范,它的发展过程显示了如何以非同凡响的方式创造出较高的消费者参与度。骆驼军用品,这样一个拥有100多万直接消费者,并能够保持众多媒体关注的品牌,已经成为以价值同一为基础的品牌多样化过程的起点,而价值的同一能够创造广泛的参与。他们已经将消费者的参与直接转化为其可见而实在的收入。

品牌也有等级链

一个品牌可以包含多种不同的产品，这取决于该品牌优势的程度，而品牌等级链反映了品牌能够在多大程度上得到延伸。这一点对于我们来说很有意义，因为从对单一独立品牌的投资中得到尽可能多的投资收益是至关重要的。这里很大的一个问题是，在一种品牌下究竟能够销售多少产品或产品品种。

许多国际化公司由于对营销的投入规模不断增加，它们在同一品牌下经营的产品种类也在不断增加，因此难以负担同时运作几种品牌的工作。一个国际化品牌在其营销方面所需要的投资往往大得令人难以置信，这就是为什么许多著名的国际化公司也只是利用其公司名称作为一个包含众多产品的品牌网络的原因。毫无疑问，品牌最优化需要不懈的努力和奋斗，但大多数情况下，这种努力的结果却往往事与愿违，因为当你尽力去将一切都完善时，建立坚实的可靠性却变得很难，你所尽力去推广的品牌很可能最终以只是比质量标签强一点而告终。如果又面临强有力的竞争对手，那么该品牌就永远不可能在同类产品中成为最好、最受欢迎的品牌。

近些年来，由于对其品牌未来的非理性化软性价值的重要性认识不够，许多公司实际上正在玷污着它们的品牌。我曾经目睹过许多事实，很多公司在品牌多样化程度已经相当高时，却常常又重新回到它们某一单一品牌的核心业务之中，原因很简单，在其他的领域，它们不具有统一的协作性和通畅的运行机制。

未来的挑战将在于理性价值和非理性价值的品牌开发，这可以在不损失品牌的原有价值和不破坏品牌地位的同时，在同一品牌下经营尽可能多的产品品种。为了提高品牌等级，创造品牌参与度十分重要。

品牌等级与产品的物理质量密切相关，因此，在同一等级下拥有几种产品是不可能的。有关的概念已经形成，在该品牌等级中包含五种产品。当产品因品牌价值而统一起来时，就需要品牌文化的建立，以增加更多的产品，但需要一个附加条件。在品牌文化和品牌精神的层面上，品牌地位是十分坚固的，为了不至于使之毁于一旦，必须对该品牌中能够包含的产品进行谨慎选择。

打个比方讲，可口可乐的橙汁饮料就很可能会损害该品牌，一些产品附件，如运动装、毛巾、酷包及遮阳伞等，却能够很自然地提升品牌的价值。哈雷太子的情况也是一样，只要产品保持着与品牌的基本定位和价值的一致性，从皮夹克到须后水的任何产品都能够增加该产品的价值。

当产品生产线扩充与品牌拓展的概念被不加区分地混为一谈时，那么这种关联性就变得模糊不清。大多数所谓的生产线扩充是毫无坏处的，但会给有些产品带来灾难性的损害，可口可乐的橙汁饮品就是一例。或许，现在是该停止鼓吹生产线扩充而开始考虑品牌拓展问题的时候了。请试问一下你自己，哪些因素有助于建立坚固的品牌并达到更高的参与度？认真地思考了这个问题之后，品牌的扩展和品牌等级的延伸才能成为可能。这看起来似乎是一个死循环的问题，但是，正是对品牌中所包含的消费者的信任度的充分认识和重视，才是问题的基本和关键。太多的产品管理者都因为对所谓的生产线扩充的盲目加大而摧毁了本来十分稳固的品牌，随着这一过程的不断进行，消费者变得越来越迷惑，品牌也因此而被吞噬。

> 现在是该停止鼓吹生产线扩充而开始考虑品牌拓展问题的时候了。

永远不要将生产线的扩充或品牌的拓展置于品牌等级的范畴之外，否则品牌强化的努力将会毁于一旦。每一个品牌等级都有它自己的限制，而忽略这一事实的公司必将会处于危险的境地。

案例研究

阿迪达斯与耐克的明星大战

体育运动明星在赛场的竞技，不仅仅是为鼓励他们的体育迷，对于赞助他们的大型运动装公司来说，胜利就等于市场份额的取得，就意味着金钱的占有。消费者为了能够与获胜者产生某种关联，也偏向于购买为他们心目中的偶像提供赞助的品牌。当阿迪达斯放弃了这一市场时，耐克却紧抓先机，以卓越的品牌精神占领了市场。然而如今，阿迪达斯又回到了这一战场上，它们共同的武器都是提供赞助。

阿迪达斯的奥运之路

阿迪达斯首先发现了赞助所蕴涵的巨大的商业潜力。1920年，制鞋商阿道夫·达斯勒发明了一种运动鞋，它奠定了如今已经是140亿美元的市场基础。据商业杂志《运动品智囊》的统计显示，在运动鞋市场上，耐克处于金牌的地位，锐步居于亚军，而阿迪达斯则位于第三。

实际并非总是这样——且往往与事实相去甚远。阿道夫的儿子赫斯特·达斯勒用他敏锐的眼光探询到商业机制和运作方法的奥秘，使他在这场竞争中获得了胜利，并创造了运动装的精神信仰。达斯勒是第一个机敏地感悟到赞助体育明星是通向胜利道路的人，正是基于这样的正确判断，才使得他的商业帝国无限辉煌。

1956年赫斯特·达斯勒本人出席墨尔本奥运会时,体育运动市场才开始显示出它巨大的商业潜力和意义。在此两年前,西德队穿着革新后的新型阿迪达斯球鞋夺得了世界杯——这使举国上下都被彻底征服和俘虏。

通过为一系列的运动赛事提供赞助,赫斯特·达斯勒成了赛场背后的一位著名人物,就像国际奥林匹克委员会、国际运动员协会及国际足联等国际性组织一样。与外界的广泛接触及其影响力,赋予了赫斯特·达斯勒独一无二的地位,使他甚至能够控制重大的体育赛事。由于公司具有的国际影响力,阿迪达斯成为国际性的品牌。在一本记录该公司发展历史的书中,阿迪达斯称自己为"国际奥委会、国家奥委会、运动者联合会和运动员们的天然伙伴",体育明星们则被称为是"运动天地里阿迪达斯的同伴们"。体育明星们,如耶西·渥温斯、鲍勃·比曼、爱德文·莫西斯、达利·汤姆森、佛朗西·贝克伯恩、米歇尔·布兰尼、大卫·贝克汉姆及斯坦夫·格雷夫等都曾为阿迪达斯品牌精神的提升和推广作出过无法估量的贡献,阿迪达斯成为成功者的品牌。曾经一度,除了阿迪达斯,其他任何品牌要想取得胜利似乎都是不可能的。赫斯特·达斯勒是真正将体育运动和商业经营巧妙地结合在一起并分享成功和获得共同收益的人。1984年,他被与之有着密切接触的国际奥林匹克委员会主席萨马兰奇授予了奥林匹克奖章。

渐渐地,越来越多的公司将目光转向了赞助体育运动市场,阿迪达斯的地位受到了冲击和挑战。赫斯特·达斯勒去世之后,这个德国巨人才真正陷入了逆境。

随着赫斯特·达斯勒的离世,将公司推向征服明星之路的个人魅力的作用也随之消失,阿迪达斯的力量在逐渐削弱,而公司已经难以应付这种局面。耐克,这个已经在美国市场上具备了一定优势的品牌,依靠其新颖的设计和不懈的努力,迅速地挖掘着体育运动中的赞助市场——在这里我应该强调一点,这是一个运动偶像对其价值的感知尚未衰退的市场。

以下这张图反映了阿迪达斯与耐克的品牌地位的发展状况。

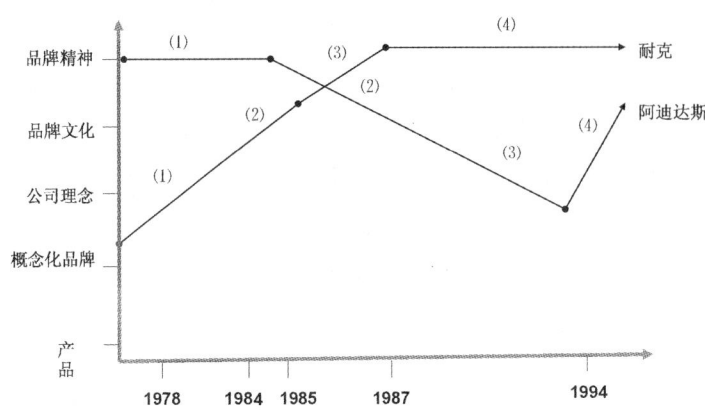

图3-4　品牌地位的发展趋势

阿迪达斯1：阿迪达斯统治着欧洲全部的重大体育赛事，这主要应归功于赫斯特·达斯勒为阿迪达斯所做出的巨大努力，他将阿迪达斯与诸如奥林匹克运动会及世界杯足球赛等重大而有影响的体育比赛牢牢地联系了起来。

阿迪达斯2：耐克的市场立足点在于稳固，这对阿迪达斯的市场垄断带来了严峻的挑战。但是，要打败阿迪达斯确实不那么容易。

阿迪达斯3：1987年，赫斯特·达斯勒的辞世使阿迪达斯开始陷入困境，个人的外部接触不复存在，而耐克不可能放弃机会，阿迪达斯很快跌入低谷。

阿迪达斯4：罗伯特·刘易斯-德莱弗斯接过了公司的管理权，除了营销以外，其他的活动全部被削减，保持了与六个体育巨星的关系。公司继1993年报出了5300万英镑的亏损之后于第二年取得了8500万英镑的盈利，这反映了公司经营状况日益好转的趋势。1995年，公司盈余4000万英镑。

耐克1：耐克于1978年与约翰·麦克罗恩签了约，并开始在美国本土市场之外销售其产品。

耐克2：耐克的市场地位在逐年提高——这也是其产品开发的结果。1984年的奥运会上，接受耐克赞助的58名运动员获得了65块奖牌，其中最大的胜利是卡尔·刘易斯一人独得4块金牌。

耐克3：1985年，耐克与芝加哥公牛队的迈克尔·乔丹签约，该协议表明，乔丹拥有了自己的耐克品牌——乔丹气垫鞋。

耐克4：耐克是一种品牌精神。1994年的世界杯足球赛证明，该公司牢牢掌握了这项重大赛事，而这在以前却是由阿迪达斯所完全控制的。该项比赛的获胜队巴西队的11名队员中——罗马里奥和贝贝托除外——都是穿着耐克球鞋上场比赛的。

"如果你不能夺得第二的位置，那么你也就丧失了金牌的地位。"

"耐克"在希腊语中的含义是代表胜利的上帝的意思，这是与公司宗旨完美结合的象征，也代表着公司成功统治整个市场的强烈而美好的愿望。

耐克是菲利普·耐特和比尔·鲍尔曼于1964年创建的，最初起名为蓝带运动品公司。从20世纪80年代中期开始，该公司控制着运动装市场，尤其是跑鞋、网球鞋和篮球鞋，它的成功在于其以有价值的赞助活动为核心的全球营销战略。公司力求建立一种文化，以使其成为产品的识别要件，而这一战略的成功实施要靠制造体育英雄神话，它的成功被归结于对耐克产品的选择和依赖。

最有说服力的例证就是乔丹，尽管他在20世纪80年代中期仍然钟情于阿迪达斯，但却毅然地改弦易辙，加入了耐克的行列。这其中除了金钱的原因之外，乔丹还受到了拥有自己的乔丹产品并能够在产品设计中施加自身影响这一诱人承诺的诱惑。耐克也透

> "如果你不能夺得第二的位置，那么你也就丧失了金牌的地位。"

> "耐克"在希腊语中的含义是代表胜利的上帝的意思，这是与公司宗旨完美结合的象征，也代表着公司成功统治整个市场的强烈而美好的愿望。

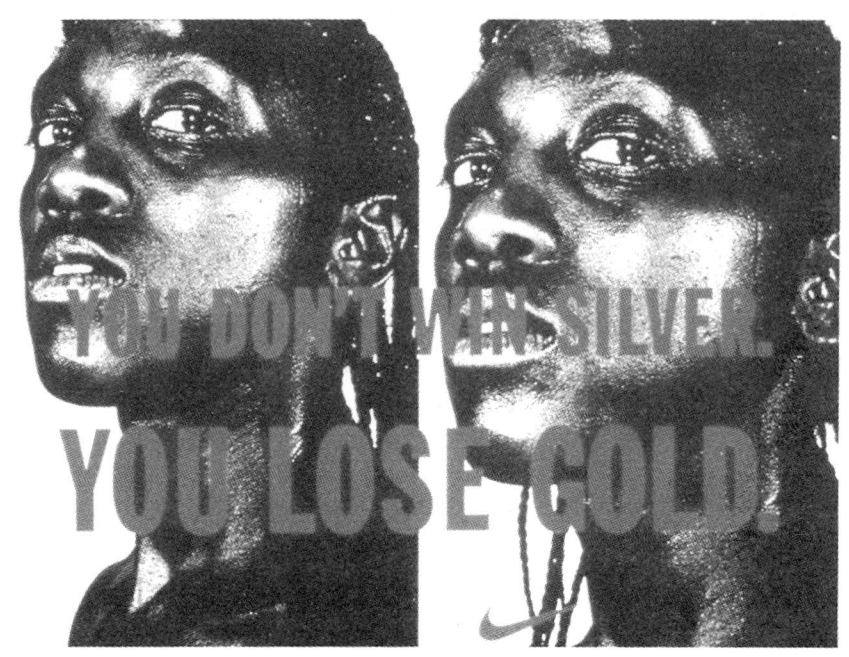

在亚特兰大奥运会上，耐克在这幅广告中用寥寥数语反映出了整个公司的精髓。

彻地挖掘出赞助乔丹的无穷潜力，以至于在这一将某一人物作为典型的理想类型进行塑造的过程中，成功地树立起了明星的形象。他在已经过去了的时代里是一位英雄，以他那罕见的"比生命更广阔"的代表能力，用一种纯粹的形式表达了一种伟大和恢弘。乔丹象征着清澈和坚定，他以一种近乎于神的地位成了一位绝对的赢家，他是运动界中受人崇拜的核心偶像，购买他所代言的品牌和产品是对他最好的支持和爱戴——传说中离奇的神话就这样走近了普通的人类世界。要达到此目的所采取的方式却总是相同的，胜利者选择耐克，就像这之前的阿迪达斯一样，耐克也将自己的形象树立为"胜利者的品牌"。

　　耐克清楚地意识到这样一个事实：人们不会为一个原始的实物产品投入他们的感情（没有人会为一个产品而喝彩），因此，非物质利益的形成是在消费者中创造具体的品牌参与度的基础。

　　围绕着类似于乔丹这样的明星所编织的美梦，让人们认为，只要购买耐克的产品,就能够获得自己的一席之地。下面的一段话引自《耐克——立即行动》,它具体针对美国的主要目标消费群体(13岁到18岁的男孩子),这段话反映了产品(此处是鞋)是如何通过其附加价值的提高而获取旺盛的生命力的:

"这鞋子十分漂亮,这鞋子简直是神圣的,这鞋子展示了男孩子们对生活的感悟,他们已经神话般地将其深深地融入了他们神秘的渴望与憧憬之中。"

耐克用消费者的沉迷"制造"着它的追随者们,并将其广泛地应用于耐克的所有产品领域之中。就像比德·桑普拉斯和安德鲁·阿加西一样,约翰·麦克罗曾经是耐克的代表人物。美国本土的足球市场十分狭小,耐克从历史上就在此市场上处于弱势地位,但它仍积极地参与到竞争之中,通过赞助巴西的球星莱昂纳多、罗马里奥和贝贝托以及意大利的球星马尔蒂尼来争取市场。耐克挖空心思地致力于将顶级明星们推上体育界的最高形象代表,公司不失时机地利用一切国际性体育赛事上的媒体宣传的作用,实现自己的追求和目标,而奥运会几乎已经成为全世界最大的媒体网络。除此之外,赞助商还企图能够从其他什么渠道获得在三个星期内将消息传遍全世界的效果呢?耐克在此方面有它的独到之处,它能够让令人叹服的媒体报道与自己的产品联系起来——用难以计数的被俘虏的忠实消费者心目中的体育明星和偶像来宣传其产品。耐克在任何时候都是公众瞩目的焦点,而这正是公司战略所追求的,只有这样,才能够获得品牌精神地位中的巨大优势和利益。

公司理念

耐克的公司理念可以归纳如下:

产品

产品生产起始于运动鞋,待运动鞋的品牌取得其稳固的优势和地位时，再扩展到运动装及其他运动用品的生产。

理念

以制造世界上最好的运动鞋为首要目标，其次再成为世界最好的运动品生产商。指引这一理念的使命是使耐克成为胜利者的最终追求，耐克永远是最好的。这一使命体现在所有方面：最好的产品，以及与最优秀的从事体育运动事业的人的联系，等等。产品开发保证公司能够维持其在产品生产的原料选择和设计上的前沿地位。

形象

耐克通过塑造被吸纳到它们之中的巨星而塑造了自己的形象，借助于"立即行动"的营销口号，公司在巨星与普通消费者之间建立起了极深的联系，你会感觉到，只要身着耐克品牌，你就是胜利者。

组织

在很大程度上，耐克受制于有著名体育明星作为其产品代言人的重大体育赛事，耐克产品的所有销售部依靠运动专卖店或店内的运动品柜台进行，而这里的售货员往往是善于运动的年轻人，他们总是喜欢穿与体育偶像们的最新款式相同的鞋。电视体育报道对促进新产品销售十分有效。耐克所需要做的一切就是，按照重大体育赛事的安排来安排其产品推出的时间，并保证产品能够在商场中买得到。

公司精神渗透整个组织

这一点很关键：胜利者的意识形态并不只是作为一种品牌精神在公司外部传播，它也同时作为一种公司精神而深深地根植于组织内部。将耐克作为胜利者的一种精神和信仰，菲利普·耐特成功地创造了坚固而非凡的企业文化，通过与其所赞助的明星们的深厚关系，誓为发展先锋和前沿的决心和信心得到了普遍的认同和理解。可以以一种更加丰富的比喻来形容耐克的公司精神：在被目标消费群体仰视为运动的神圣殿堂内，体育巨星们穿着耐克品牌的产品。组织的承诺和行动能够得到保证，因为遍及全世界的分销网络的工人们能够亲自看到明星们所穿着的产品种类。根本没有必要去用产品的质量来说服任何人，卡尔·刘易斯穿着耐克鞋摘取奥运会金牌的事实足以使任何一个商家争相抢夺耐克产品，无需激励商店营业员去促销这些产品，因为每个人都希望自己能够与体育圣者们产生关联。

商业赞助因此而成为传递品牌精神的信息载体，它同时创造并传递着内部的公司精神。

耐克充当着传播者的角色，而其他制造商则在生产着产品。

正如可口可乐公司的所作所为一样，耐克也将其精力主要集中于精神的传播，而不是将不必要的精力花费在产品的生产体系上。耐克将业务外包使用到了极致，它将自己作为一个设计中心、生产中心以及协调和营销中心，它的主要任务是创新、开发新产品以及协调经销商，而生产本身留给其他公司去完成。根据在不同的技术水平上产品生产能力的不同，耐克将生产商划分为三类——"产品开发型伙伴"、"产量型制造商"及"资源开发型合作者"——并与这些"生产伙伴"保持着合作。除了具有主要的成本优势之外，公司还注重于其核心竞争力的强化，因为只有公司的核心竞争力才是起决定作用的——耐克品牌精神的根本使命。

> 耐克充当着传播者的角色，而其他制造商则在生产着产品。

紧跟消费者

不断地关注消费者对哪种类型的运动最感兴趣,以及哪种运动获得最多的全球媒体注意对耐克来讲十分重要,因此,耐克始终追随着消费者的动向,以保证所选择的明星永远是消费者最钟情和最感兴趣的。

耐克着重于巨大的美国市场和全球赛事,尤其是奥林匹克运动会。法国旅行者赛事受到欧洲众多媒体的广泛关注,从而成为最近一次受赞助的赛事。通过致力于具体的运动类型,耐克的优势根据体育文化的不同随着各个目标国家而有所不同。

耐克并没有尽力去适应每一个国家或更加倾向于国家级赛事,而是将重点放在全球范围内,选择媒体关注的赛事,并反对以本土抵制其他市场。这一战略使其资源利用达到最优化,并保证了公司没有被分散,因为市场的特定内容具有特殊的意义。

阿迪达斯的复出

明星之争近来已经进入了一个新的阶段,阿迪达斯从陨落到复出的过程就是一个很好的证明。阿迪达斯在新的领导人的带领下,开始了它不寻常的复苏之路。他的一个策略是在市场营销活动的特殊部分吸纳和捕获绝对顶级的明星加入和参与,二流运动员已经不再在他的兴趣范围内,如果耐克品牌的市场地位受到什么严重的威胁,那原因全在于所选择的明星。一次新闻发布会上,耐克的创始人说:"在服装、鞋帽的领域内,将世界划分为他们的运动员和我们的运动员是一种很自然的发展趋势和结果。"确实,战场已经在日益扩展,因为运动服已经不再仅仅是运动时才穿,定位广告因而得到越来越多的应用。在影片《阿甘正传》中,汤姆·汉克斯穿着耐克的衣服,而在影片《断箭》中，约翰·特拉沃尔塔和克里斯蒂安·史莱特则穿着阿迪达斯的产品，阿迪达斯在诸如《海滩游侠》及《新飞跃情海》等著名的系列剧中还起用并捧红了一群演员。因此，以行动为先导已经将不同体育运动品牌之间的文化之争引入了一个新的时期，未来将告诉我们，谁将成为最优秀的精神传输者；未来还会告诉我们，耐克的金牌地位是否将会被取代。

> **案例要点**
>
> 在运动用品市场，与胜利等产生联系是很关键的，这也是对最著名的体育明星进行赞助，从而使品牌走向广大消费者的原因所在。阿迪达斯与耐克之间的竞争已经无可争议地证明了这样一个事实：拥有巨星的公司，将最终取得胜利。

案例研究

"硬石咖啡，请给我一件T恤！"

硬石咖啡连锁店所拥有的饭馆和咖啡屋相对较少，但浓厚的摇滚色彩和氛围却使它的商标极富价值。对品牌的卓越利用已经使硬石的品牌精神广为人知，并受到全世界的崇拜。

两个美国人对汉堡的渴望促成了1971年6月14日第一家硬石咖啡屋在伦敦的开业。彼得·莫顿和艾萨克·迪格特这两个初来乍到的人在他们的咖啡屋里创造出了浓厚的轻松气氛，并提供传统的美式食物。这个咖啡屋以生态意识的思维提出了"挽救地球"的口号，这成为它的主要特征，直到今天，这个咖啡连锁店的经营理念中仍然有其一席之地。同时，它以类似的方式提出了"热爱一切，服务于一切"的宗旨，衬托出它经营理念的

第3章 品牌精神

硬石的标志蕴涵着如此丰厚的价值内涵，使很多人都乐意为这种极富宣传和炫耀性的产品而掏腰包。

另一部分内容——无论种族，无论社会地位或精神信仰，每一个人在这里都应该受到欢迎，都会有宾至如归的感觉。

莫顿和迪格特成功的关键因素在于他们坚持为英国的年轻人提供享受摇滚音乐的机会，硬石咖啡屋成了音乐家和音乐人都期望去的场所。有一天，埃里克·克莱普顿带着他的古老的吉他来到咖啡屋，他建议迪格特将这把吉他挂在墙上，迪格特有些勉强地这样做了。当另一个著名的吉他手彼特·汤森特看到克莱普顿的吉他时，他竟毫不犹豫地将自己那把白色的吉他也赠送给了硬石咖啡屋。随着墙面上的点缀逐渐增多，以及一个很小的标志"我的和他的一样好"，成立硬石实物博物馆的想法由此而生。这些都是世界上最有价值、最珍贵的收藏品，大约三分之一的收藏品都是经常光顾硬石的音乐家们的捐赠，而其余的三分之二则是通过拍卖得来的。

硬石咖啡屋的成功接踵而来，它不断壮大。虽然它的产品是食物和饮料，但它的理念是摇滚，这可是一种普遍的全球性文化。这一点现在仍然是这样，来自世界各地的年轻人可以汇集在摇滚音乐的浪潮里，而硬石咖啡屋曾经是，现在也是他们聚集享乐的地方。大约在1983年，硬石咖啡在纽约开了它的第二家分店，它这种扩展的速度十分迅速，1985年，莫顿和迪格特按照地理区位将他们对硬石咖啡的权力进行了划分。

1988年，兰克国际公司接管了由迪格特掌权的那部分公司，而迪格特则开了一家新的连锁店"布鲁斯蓝调音乐屋"。1996年6月，兰克国际公司又成功地以大约1亿英镑的价格收购了莫顿所掌管的公司，硬石咖啡如今成了一个拥有64家餐馆及其他更多内容的公司。

1990年10月，硬石开始销售一位与摇滚音乐有着特殊关系的艺术家设计的T恤衫，并将这一"署名系列产品"销售中所得到的部分利润捐赠给了慈善机构。

从其他的很多方面来看，硬石的这种扩充促成了硬石宾馆和赌场在拉斯维加斯的成立。

曾经一度，莫顿和迪格特经营了一些为甲壳虫乐队效力的艺术家阿兰·阿尔德鲁设计的有着著名品牌称号的T恤衫。这些T恤衫用来卖给那些对它们感兴趣的人，而且从来不愁销售！由于硬石的足迹已经遍布全世界，它的商业野心和兴趣也随之膨胀。如今，硬石所销售的产品，包括夹

这是艾尔顿·约翰的捐赠。

顿·亨利也同样作出了他对"署名系列产品"的贡献。

儿童的T恤同样蕴涵着很好的商业机会……就像成人服装一样。

设在奥兰多的硬石咖啡屋——硬石品牌精神的鲜明体现。

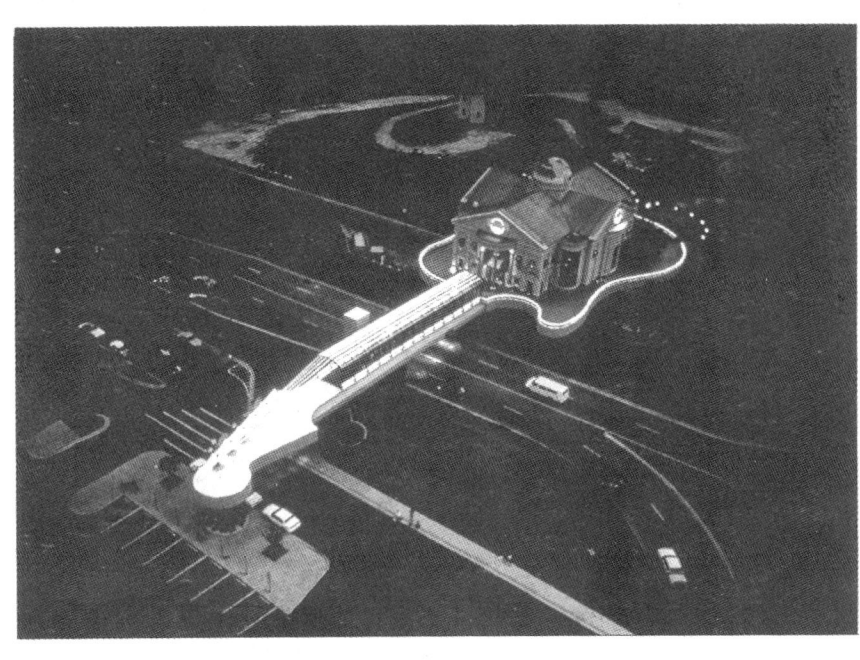

克衫、背包、小布袋、遮阳品、徽章、尖顶帽及玩具熊等，都印有它们所在销售地的名称。

这些物品最终都发展成了在全世界范围内被人们当做纪念品珍藏的物件，这些产品，尤其是成千的不同式样和规格的硬石徽章，已经成为收藏家珍贵的收藏品，以至于已经有大规模的盗版和仿制品出现。

这些商品的销售都是通过设在餐馆内的特种商店进行的，它几乎占到了连锁经营收入的一半。事实上，这些商店在餐馆开始营业之前提前开始营业已经成为非常普遍的事情，而这一点也不足为奇，因为这些商店的营业收入远远比餐馆服务要多得多。那么既然这样，为什么不关掉餐馆而只经营这些产品呢？当然不行。因为失去了营造出硬石咖啡的特殊氛围的摇滚的核心理念，这些产品的商业经营最终定将崩溃在单纯的销售人员的手里。

这一理念深深地渗透于其由黄色和棕色组成的标志之中，使得"硬石咖啡"这一品牌演变成为一种品牌宗教，被全世界愿意并期望参与和加入摇滚音乐之中的消费者所信仰和崇拜着，这堪称是任何一个营销管理者所期望达到的梦想。

硬石咖啡的理念被其他人所效仿，最引人注目的就是得到好莱坞众影星的青睐，阿诺德·施瓦辛格、布鲁斯·威利斯、戴米·摩尔和西尔维斯特·史泰龙等都是小股东，发起人是来自硬石咖啡的罗伯特·俄尔。这种具有理念内涵的餐馆还有哈雷太子咖啡屋，在这些地方都设有特殊的"店内商店"，并在此销售商品。

如果使用得当的话，商品销售能够体现品牌的原始核心价值（这里是餐馆与销售设施之间创造的一种神奇的合力）。餐馆促使人们去购买商品，而商品销售反过来又促进了人们更多地光顾餐馆。因此，正如硬石咖啡在最开始所倡导的那样，如果拥有稳固的基本理念，商品销售就能够对品牌天堂中的品牌提升起到一个十分有效的推动作用。

稳固的市场地位不会突然间出现，本章分析了精神化管理及公司精神为什么能够以及如何驱动公司走向成功。

> **案例要点**
>
> 硬石咖啡作为音乐精神的堡垒，已经能够建立一种可靠而真实的地位，已经占据一半营业收入和更多利润的硬石商品的销售就证明了这一点。那么，它为什么不致力于商品的销售而放弃餐馆的经营呢？因为餐馆才是其不可动摇的信誉建立的基石。

第4章
公司精神

"组织"真的很强大

信仰不在自动售货机里

在公司播种"精神化"的种子

公司精神七步曲

所谓企业界的普世价值

电子商务公司急需"精神"补品

消费品公司的精神魔咒

分公司才是危险的地雷

如果没有激情和渴望,
任何伟大的成功,
都不可能实现!

——拉尔夫·沃尔多·爱默生

"组织"真的很强大

公司如何提高与强化其市场地位？正如前一章所述，更好的品牌建立必须包括定性化指标、情感因素和非物质标准。如果一个公司企图达到品牌地位的最高点——品牌精神的地位，那么它还必须提高定性化管理的水平。

大型国际化公司都拥有很多地位和头衔不同的人员，拥有不同的体系，以及最重要的是，具有各自的观点、态度和价值。正如图4-1所示，优势化的品牌地位并不是自然而然地产生的，就像它的主要管理工具一样，公司需要一种精神的聚合，这就是公司精神。

公司精神的存在能够保证公司的全体成员都持有相同的定性化价值观，这一点很重要，因为诸如技能和效率等定量化因素很少会给公司造成问题。

问题往往产生于定性化因素，如人的观念和价值观。工作勤奋且能力较强的员工也同样有条件和能力将他们的时间和精力花费在尤其是因观点和价值观而引起的争论上，大多数误会都源自于因人们对事物的不同看法和理解而造成的冲突。

我们都是独立的个体，通过工作，我们在更广泛的范围和空间里寻找我们生存的价值和理由，然而，绝大多数的高层管理人员却疏于对员工的激励或忽视了这一对公司来讲最重要的动力和活力的源泉。我承认，做到这一点并不容易，但是，市场差异却要求比

> 如果一个公司企图达到品牌地位的最高点——品牌精神的地位，那么它还必须提高定性化管理的水平。

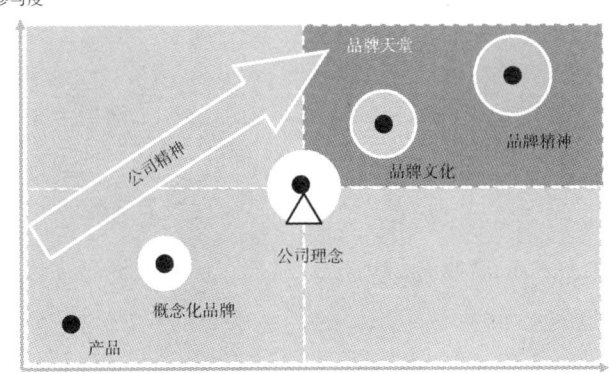

图4-1 公司精神与品牌的关系

拥有公司精神的公司具有将其推向品牌天堂的绝好机会,因为此时,所有的员工都拥有同样的精神核心。

仅仅推广强有力的品牌更多的东西。

一个能够将智慧传递给公司每一个员工的组织,要比一个只靠老板的智商来运营整个公司的组织更加出色和伟大。每一个具有竞争性的领导者似乎都能够很容易达到这一基本标准,这也是为什么"情感智商(情商)"这一概念被提出,并日益显示出其重要性的原因。通常所说的智商与情商之间有着一个很重要的区别——情商中包括激励和鼓舞他人的能力。

本书所列举的案例中的许多领导者都确实具有这一能力,他们在测验考试中的成绩或许并不比别人优秀,但他们却能够单刀直入地直指要害,能够抓住整个组织的核心,并能够将他们的想法和观念传递给公司的每一个人。

这里,是他们以精神型的领导模式展现出来的

公司缺少的实际上并不是有能力的人——而是将公司全体成员引领向同一个正确方向的领导者和领导能力。

无形的能量，在推动着公司前进的步伐。首先，他们已经为公司创造了一套价直观，而不是让一般的技能来掌握和约束公司的进步。公司缺少的实际上并不是有能力的人——而是将公司全体成员引领向同一个正确方向的领导者和领导能力。

你可以通过一些可量化的事实、数据和技术指标来领导公司，此时，能够对达到年终要求作出承诺的人员以及不断飙升的股票价格便会得到足够的重视，然而，为了实现生产力最优，组织必须具有某种精神化驱动力。

信仰不在自动售货机里

在许多公司里，当员工以公司理念和价值观引导自己的行为并从事相应活动时，他们会变得充满热情和动力。正如我在本书开头所提到的，"宗教"（精神）一词源自于拉丁语religare，以共同的表达方式将事物结合在一起，因此，精神是赋予一群人或一组人以一套观点、信念和价值观的渠道。每一个人都知道公司在生产什么和销售什么，但为什么要这样做，以后还会生产什么新产品，以及公司的使命是什么——这些却都是管理者所需要知道和考虑的。如果公司能够用"精神"这个词来形容它最主要的管理工具和体系，那么毫无疑问，管理和经营的目标、公司所代表的意义、公司的发展方向以及达到目标所遵循的原则和所采取的策略都将是清晰而明确的。公司精神是一个信仰的问题。

仅仅看中其技能才决定雇用与否已经不再足够了，所雇用员工的态度、精神和价值观必须与公司所倡导的相融合和一致。只有当这种态度和价值观与技能相互统一时，即一切都在公司精神的指导下进行时，公司才具有了达到最终的品牌精神层面的基础和条件。

信仰不会像自动售货机销售货物那样轻易产生。高层管理者不得不

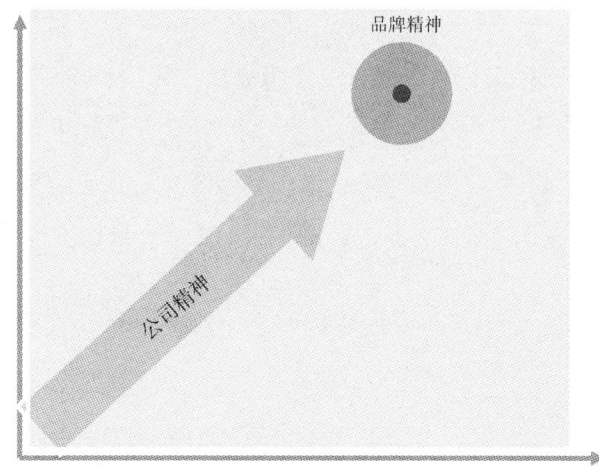

图4-2 以价值为基础的组织

只有目标和愿望一致,且前进方向相同的组织,才能够机敏和灵活地利用产生品牌差异化的定性化无形价值的作用。在公司人员的选择中,只注重技能是不够的,他们的态度和价值观也必须与公司的度和价值观相匹配。

高层管理者不得不承认,当员工意识到他们的领导者不再为某一事业而奋斗时,这一事业就将被磨灭,如果领导者努力奋斗,这项事业将前途光明。如果管理者的热情之火猛烈燃烧,那么就会产生"圣经",它反映了信仰的本质,它是一套应用于一个特定团体中所有成员的价值观和行为准则,而这部圣经,就是所有管理手段中最有价值的工具。

在公司播种"精神化"的种子

　　我如何能够理解我的公司,以及我如何能够使我的公司在国际化体系中保持其一致性和同一性?许多公司都情愿回避它们所存在的问题,而满足于其所拥有的丰富的人力资源,认为它们的员工能够通过一种自然的过程遵循同一个统一的精神,管理的重点因此倾向于产品开发、产品销售和市场份额的获取上。这种国际化公司看起来不过就像一个将产品传导给消费者的聚合体,在这一聚合体中,在产品传导的过程中同样能够将有价值的信息传回给公司的传输作用被完全忽视了。然而,忽略是天赐的福分,公司的运作体系会乐观地被认为这是完美的,直到最终走到崩溃的那一天,公司实际上已经到了悬崖的边缘。

　　很少有国际化公司能够充分地将它们的资源应用到促使整个组织对其共同目标达到一个更高认识的水平上,而公司全体员工对公司目标的更深入认识是使一切都为公司核心目标服务的前提和保障,能够密切关注全世界最终用户且注意搜集未经过滤的原始信息的公司就更少了。在市场调整的内容中,大多数是公司自己从其分公司或子公司等分支机构获得的主观报告,如果这些报告中间存在很多由于其背后所隐含的一系列产生冲突和矛盾的利己原因所导致的偏见,那么组织很快就会丧失平衡。公司精神是应对组织动荡和骚乱的强大的核心武器。

　　从传统上讲,分支机构是能够以自己的方式从事经营活动的独立单位,但是,正如产品的生命周期在缩短一样,为了保证成功,分支机构是否能够迅速地在市场上进行应对已经变得至关重要。这会有损于分支机构,因没有足够的时间以更多的方式或从更多的渠道去安排好一切事务,因此分支机构必须回到总公司寻求帮助,这样,公司就能实现相同的价值观和看法的统一性。

　　公司一旦拥有了公司精神,公司未来的愿景目标就在其新的宣传册中真正得到了体现，而此时，产品本身就只是其构成的一小部分，而公司精神、理念和价值观的传播，才是使市场在已经明确细致地加以细分的基础上得以继续发展的关键因素。

任何事情都需要充分的准备和相应的培训和教育。如何制订销售计划，以及销售市场选在哪里等问题，在各个目标消费群体中都需要极大的努力才能实现，然后，关于战略的实施才会有更多的方法和渠道。这并不是提出一个花里胡哨的开支计划，而是涉及大量深入、细致、周到而全面

图4-4 价值型增长的管理发展模型

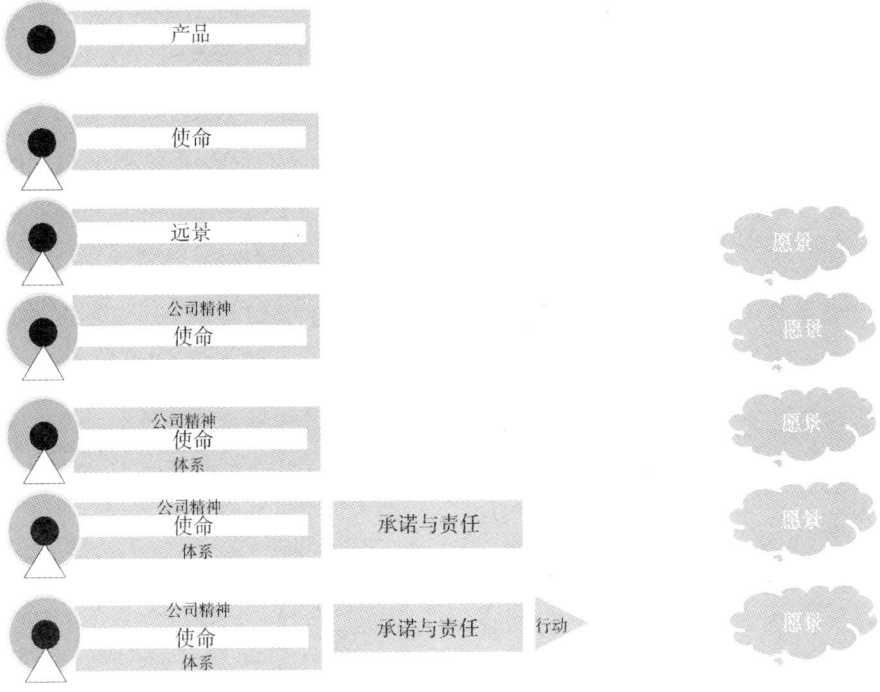

以价值为基础的管理看上去似乎是一个很抽象的概念，但却很容易使它变得具体与可见。该图反映了对于一个希望能够按照公司精神的路线实现其发展的公司，成功建立起价值增长型的管理模式是多么重要和必要。

在大多数公司里，产品是其发展的起始点，而这必须被使命取代——因为使命才是公司经营的基础。与使命直接相关的是公司愿景，愿景就是公司要达到某一目的，就必须有的目标和方向。如果公司没有在一套统一的价值观，即公司精神下被聚合起来，那么你的使命和愿景都将只是纸上谈兵。

的思考。这听起来似乎具有极权主义色彩，但公司精神的定义清晰地说明，这一过程是没有人能够逃避和排斥的，因为每个人的工作都与公司精神息息相关，这也是公司选拔员工的首要前提。当公司意识到它的重要并体会到为此所肩负的责任时，公司的运作就会十分有效。

对其国际化组织可以完全控制的公司，能够用公司精神的作用控制组织和市场。公司的成功取决于其目标的选择，耐克是一个闪亮的例子，它的经历说明了将整个公司提升到一个精神层面对公司取得巨大成功的重要意义和作用。借助于敏感的赞助行为，该公司捕获了体育巨星们，于是在世界最大、最有影响的体育赛事中，耐克随处可见，偶像与他们上百万崇拜者之间的关系已经被完美地凝结在"立即行动"的理念之下。或许，以极富个人魅力的领导者为先锋的最显著的例子就是以安妮塔·罗迪克的个性化为特征的美体小铺和微软公司——微软所放射出来的光芒将是我们下面一个案例的主题。

跨国成功经营的代名词就是控制，如果公司能够在市场上取得明星企业的地位和角色，那么公司发展的未来将只有一个：走向成功。

与创造一种实实在在的精神相比，用模型的方式来反映如何以公司精神来引领公司要相对简单得多，但是，模型仍然自有其用处，图4-4就通过模型的形式表述了价值型增长的管理模式，其起点是在第3章中所讨论的公司理念。

案例研究

微软的精神型领袖

在经营微软的过程中,比尔·盖茨将他自己的个性化推到了令人难以置信的极致。作为一个精神型领导者,他充分地与其组织以及市场进行了沟通和交流。

微软的故事是两个无足轻重的人的神话,是计算机革命的缩版。

微软的产生起源于20世纪60年代末湖滨学校的计算机课程,保罗·阿兰和比尔·盖茨在那里拥有了一个全新的世界。到了1975年的春天,比尔·盖茨离开了他所就读的哈佛大学,与保罗·阿兰一起开始了他们现在如神话般的计算机软件公司的创办,当时比尔·盖茨只有19岁。8年后,由于身患霍奇金淋巴瘤,保罗·阿兰放弃了他在公司的股份,然而,此时的股份比例已经是60%对40%,比尔·盖茨占多数,因为是他在公司第一个产品——微软BASIC——的开发和问世的过程中发挥了更为重要的作用,他所具有的经商的天分较早地自我释放了出来。

比尔·盖茨是超级高智商型技师与精明而顽强的商人的完美结合,他的目光时刻注意着最基层的市场,这是他之所以能够实现其"让每一张桌子上都有计算机,让每个家庭都拥有计算机"这个目标的关键因素之一;而另一个保证取得全球化成功同样关键的因素是将比尔·盖茨本人应用到其领导之中的能力,这种将个人特征融入管理中的能力反映在内部和外部两个方面,且通常是同步的。

比尔·盖茨具有美国人所推崇和欣赏的那种人性化特征,这使得他成为媒体关注的有趣话题。他已经用自己的努力充分地利用了这一点,并将其公司精神推广到了整个市场精神的层面上。是比尔·盖茨,周游世界举行新闻发布会以宣传和鼓吹微软的精神；是比尔·盖茨，将市场引向了正确的方向，无论他走到哪里，他所受到的待遇都等同于重要的政治领袖所享受的待遇。

比尔·盖茨已经在世界的计算机领域和信息技术领域树立了自己的领袖形象，而这一地位的取得就意味着金钱。他撰写文章，参加类似于脱口秀的对话节目，你见过有多少公司经理曾经做过《戴维·莱特曼脱口秀》的嘉宾呢？比尔·盖茨有他独特的经营方式，他既是微软的象征，也是微软的代言人，因为他是为世界商业领域设定和安排进程的精神领袖。出版社和媒体乐意为比尔·盖茨的观念留出版面，而他，即使在没有发问的情况下，也在不断地给你以满意的回答。1995年，他的书《成功之路》只是一个例子，它显示了比尔·盖茨对其追随者的吸引力——以及如何获得更多人的跟从和更大的成功。

在这本书中，比尔·盖茨用了数页的篇幅十分详尽地描绘了他富丽堂皇的新住处，虽然这已经是被众多媒体在世界范围内广泛报道的了。这套房屋总面积4500平方米，是西雅图华盛顿湖心旅游胜地一处十分迷人的景观，它是未来实现了信息技术家庭的一个缩影。在那里，墙面上装有24个大屏幕，其创意是根据观察角度的变化，屏幕上所呈现的图像会不断地变化。通过向我们揭露未来家庭技术化的内涵和实质，比尔·盖茨并没有过多炫耀他的富有，而是强调他以及微软将永远站在技术发展的最前沿。

比尔·盖茨作为精神型领袖的地位使他能够通过外界的渠道来向其员工传输他的观念和想法，他所期望的媒体的关注则保证了他所要传递的信息能够达到任何一个角落，每一位员工都知道公司的目标是什么，每一位员工都清楚公司的文化是什么。微软不是一个等级森严且循规蹈矩的机构，它是一个汇集有思想的人的公司，使得它总能招募到合适的新员工。微软的运作在于公司精神的施行，而比尔·盖茨，即使他不是上帝，也理所当然地是这一精神的领袖。公司精神引导公司发展的结果是公司迅速扩

《经济学家》杂志也报道了比尔·盖茨和他的微软。

媒体争相大量披露和报道比尔·盖茨,这是《时代周刊》的封面。摄影:格雷戈里·海斯勒。

比尔·盖茨于1995年写的书《未来之路》。

当比尔·盖茨为了视窗95的上市而访问丹麦时,他的出现和产品展示与发布只是其中的一个很小的部分,与丹麦财政部长莫恩斯·吕克托夫特的会面才构成了他此行的全部内容。

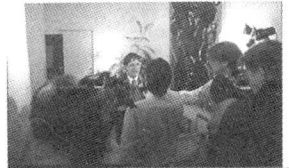

张，创造了惊人的增长和利润，而这种迅速扩张则在于公司对其核心的永久关注和对更高目标的追求。

> **案例要点**
>
> 比尔·盖茨是一个精神型领导者的杰出例证，他利用媒体的作用，同时控制着微软所处的商业领域。尽管面对挑战，但比尔·盖茨还是从IBM手中夺得了计算机市场的领导地位，并决定着未来的软件发展趋势和方向。

公司精神七步曲之一　产品

几乎所有的公司都是从产品开始起步，从此一种特定的产品就成了公司的主要内容，它的竞争力决定了公司的增长，且一切都围绕着该产品进行。然而，正如我在之前几章中所指出的，这种状态对于保证公司的生存来说是不够的，因为全球化竞争、差异性以及价值等因素赋予了实物资产在品牌综合价值中以越来越小的作用，而品牌综合价值才是消费者所追求的。

在激烈的竞争中，产品本身以及它所包含的实物资产当然是重要的，但当公司正在向更高的市场地位进军时，就不得不关注与产品有关的其他方面和其他价值。实际上，在当今，任何人都能够生产出很好的产品，但质量本身并非最终目标，质量必须有它的灵魂。即使是拥有绝好的独特产品的公司，也会面对竞争对手的挑战和威胁，因此，它们也不得不清楚公司为什么而存在，它们为什么要为消费者提供独一无二的产品？它们希望满足消费者的哪些需求？换句话说，公司的使命是什么？

公司精神七步曲之二　使命

不要将使命与营销理念或口号相混淆，这一点很重要。

随着因无形的定性化标准而引起的品牌差异化的日益明显，公司也将逐渐地转向对产品更广泛内容的关注，以保证它未来的市场地位和生存空间，公司必须有自己的使命——这是其生存的基础。使命必须能够说明公司希望为消费者做些什么，以及为什么这样做。

使命以定性化价值为核心，因为是定性化价值创造了消费者的高度参与。因此，当你在对公司使命进行定义的时候，基本的思想必须集中在挖掘能够真正创造消费者高度参与的公司优势和价值，因为消费者是冷酷的，他们只会毫不留情、毫不犹豫地偏向具有真诚态度和真正价值的公司和品牌。有明确使命的公司能够以清晰、易懂的语言向消费者表达和传递它们的使命。而如果使命的陈述只是对营业收入、利润和市场份额的说明，那么就将脱离问题的本质而失去意义。

在卡尔森为北欧航空公司确定的使命中，他将公司称为"商人航空"，在这一定位中，确切地反映出北欧航空公司的目标客户群体，以及它为他们所作出的具体承诺。卡尔森所确定的使命说明，真正的商人都选择北欧航空公司，同时，它又传递给整个公司一个很清楚的信号，使公司的每一个人都明白他们应该专注的事情。有的公司喜欢用一些空洞又简单的话来描述使命，比如："努力！""做强做大！"事实上使命并不一定要压缩在两三个字之内，关键是你要让每一个人都能够清楚地理解这一信息。

不要将使命与营销概念或口号相混淆，这一点很重要。当然如果使命与营销目标越接近，公司的内部和外部沟通就会变得越有效。北欧航空公司的使命就在其员工的工作态度上产生了很积极的作用，他们因为为北欧航空公司工作而感到特殊和自豪，而这种感受由于他们与消费者的接触而在消费者心中留下印记，从而创造了一个高度参与的氛围。有了强大而稳固的使命，公司确定愿景时的目标就会更高。

公司精神七步曲之三　愿景

愿景是你所想达到的状态。如果从经济角度来考虑，愿景似乎应该是以价值为基础的，但也并不尽然。类似于"我们要实现营业收入100万美元"这样十分具体而明确的目标，也可以发展成"我们要在我们所在的商业领域内获得最大的市场份额"。总之，该愿景必须有利于在整个组织内创造激情和动力。因此，愿景的确定必须以每一个人都受到其激励为核心和根本，这十分关键。至于那些只是靠高级管理层所期望的盈利潜力来增加其吸引力的愿景，你完全可以将其搁置在一边。

在愿景确定之前确立使命有充分的理由。如果在你所能够做的和你所期望达到的目标之间存在实在的

> 只有当你已经开始关注"你希望为消费者创造什么"这一问题时，愿景才会与目标产生关联。

> 愿景是一颗指路的明星——它必须具有现实性，但还必须具有一定的雄心和抱负。

联系，那么愿景就只有内在的实质价值，而只有当你已经开始关注"你希望为消费者创造什么"这一问题时，愿景才会与目标产生关联。

愿景是一颗指路的明星——它必须具有现实性，但还必须具有一定的雄心和抱负。特德·特纳的美国有线电视新闻网就是一个范例，他的目标直逼"世界新闻先导"，同时表明了这一理念合理而充分的理由，他要创建一家专门播放新闻的电视台。你所确定的愿景越具体、越明确，你与其他竞争对手的差异性就越大。愿景必须简明易懂，并能够在使用者之中创造高度的参与性，因此，它就更有价值。感谢特德·特纳的鼓励，美国有线电视新闻网终于成了新闻的代名词和等价物。

确定正确使命和正确愿景并将其完成又是一个十分微妙而棘手的问题，因为这实际上是在做明显不可能的事情：通过清楚地预测世界及市场的发展趋势来准确地预测未来。但尽管如此，它还是高级管理者最重要的任务，如果你想领导公司并保证不偏离正轨，你就必须这样做。

公司精神七步曲之四　推广与发展

图4-4中，我用使命替换了产品，在此基础上，我将愿景作为公司运作的指路明灯，那么，公司精神在该图中如何体现呢？公司精神是将组织团结和凝聚在使命和愿景周围的一种价值观，它是公司的精神之

所在，也是组织赖以存在的一系列价值观和态度、观念，这是公司内每一个成员都共同分享的，因此它是真正具有激励作用的要素。

公司精神是关于意见的统一，是关于将不同的观点以共同的目的所进行的统一。你需要保证每一个人都按照同一个方向努力并创造更多的价值。受公司精神所统辖的公司，是其信仰者的天堂。

具有浓厚文化的公司并不是最容易工作的地方，强有力的信念会使观念和想法走向极端——人们恨它或者爱它。我视其为一种积极的因素，因为强大的精神力量决定着核心和效率。然而，有些人则认为，浓厚的公司文化会扼杀激情。坦白地讲，这简直是胡说八道。在一个良好的公司精神所形成的框架内，会产生充分、自由的个性化空间和积极的创造性，所不同的只是这种创造性和自由的个性化能够在现在得到比以前更多、更有效的建设性应用，以自己的既定目标为根本而大造声势的人，只能使组织与其核心背离，从而分散化。

公司精神是统一的方针。在国际化公司里，只是因为习惯和适应，没有人会改变产品体系或会计制度，因此，又为什么应该视公司的态度和价值观为不同呢？然而，这也正是如此众多的分支机构沉溺于其中的原因。但问题的症结并不在于此，而在于管理。如果尚未赋予价值观以明确的核心指导原则，那么就根本没有理由因不具有相同的价值观而责备任何人。

你的公司精神的发展是如何开始的？暂且尝试下，忘却所有的定量化价值而只专注于定性化价

> 受公司精神所统辖的公司，是其信仰者的天堂。

> 具有浓厚文化的公司并不是最容易工作的地方，强有力的信念会使观念和想法走向极端——人们恨它或者爱它。我视其为一种积极的因素，因为强大的精神力量决定着核心和效率。

> 一个公司不能等到组织的每一个员工都已经理解了这一信息的含义并已开始为此而付出相应的努力时才实践它的公司精神。

值,这是一个很有用的练习,因为它为那些通常只是使自己和组织受制于市场的公司及其领导者提出了很多根本性的问题。因此,与其让自己整日纠缠于没完没了的日常事务之中,不如抽出一些时间关注一下产品的开发、预算的制定并将资金恰如其分地用于最终结果的实现。这种练习纯粹是一种创造性,它是将公司与其使命、愿景和人力联系起来考虑,从对公司的现有价值以及产生这些价值的观念进行全面分析开始,在此基础上,再更清晰而明确地判断这些观念与公司使命是否相符。

管理层通常所遵循的方法是在整个公司内安排一些大型会议,邀请外界的专家和顾问参加,并由他们判断和解决。只要最终决定公司精神——以一种清晰而简洁,人人都能够明白的方式——的是公司管理层,那么这种做法就是可取的。然而,当这一任务完成之后,管理层就必须为公司精神的运作和实施制定方针政策。当北欧航空公司的卡尔森将其使命定义为"成为商人航空公司"时,在他宣布了员工该如何去实现这一目标的方针和政策的那一刻,它就已经变成了一种精神。

这也是卡尔森之所以写了那本"小红书"的原因。一个公司不能等到组织的每一个员工都已经理解了这一信息的含义并已开始为此而付出相应的努力时才实践它的公司精神。

公司领导者应该考虑以下一些有关公司的问题:我们为什么存在?我们的发展方向是什么?我们如何能够确定这一方向?我们希望我们的员工拥有什么样的态

度和观念？我们的公司内提倡哪些价值观？什么样的行为被我们认为是能够有其观念和态度的行为？蕴涵在我们公司精神中的行为准则是什么？

不断地考虑这些问题是精神化领导的实质，而这也需要不懈的努力。高级管理层必须明了精神如何能够有形化和具有可见性，这是整个组织能够清晰地传递其公司精神首先要遇到的问题。公司精神的一个关键的成功标准是，组织在将其作为真实存在履行和实践。公司必须拥有一位领导，对公司员工，也包括对市场，他负责传递公司基本的信息，并扮演公司代言人的角色。

受公司精神驱动的最好的两个公司是可口可乐公司和迪斯尼公司。这两个公司都已经将公司精神深入地扎根其中，如果将公司比喻为一件织物，那么精神就已经成为构成这件织物必不可少的部分，这也正是所有积极向上的、有抱负的公司所期望达到的最终目标。

发展你的公司精神

想要发展和推广其公司精神的组织，其管理层必须在注重内部文化的同时注重外部市场定位，这实际上是一个事物的两个方面，是创造强大公司的因素。

一个公司更像一个人，它需要有坚强而鲜明的个性去推动，公司的个性化特征越明显，它的穿透力就越强。但是，是什么创造了突出的个性化呢？1927年，现代心理学的创始人之一阿尔弗雷德·阿德勒对人类的本质作了一次革命性的总结。他的观点的核心内容是，人的个性和特点由三个方面构成：

- 个人对自己的看法
- 个人希望他人对自己的看法
- 他人对自己的看法

这三个方面越是和谐和一致，人的个性就越突出。这一观点可以用图4-5简单地加以说明。

公司精神是关于人，以及如何将这些人以一种统一的精神团结起来，并为共同的目的而共同工作的问题。为了明确而简洁地勾勒公司精神的基本含义和内容，这里我要用到阿尔弗雷德·阿德勒的观点。

图4-5　一个人的个性由以下因素决定

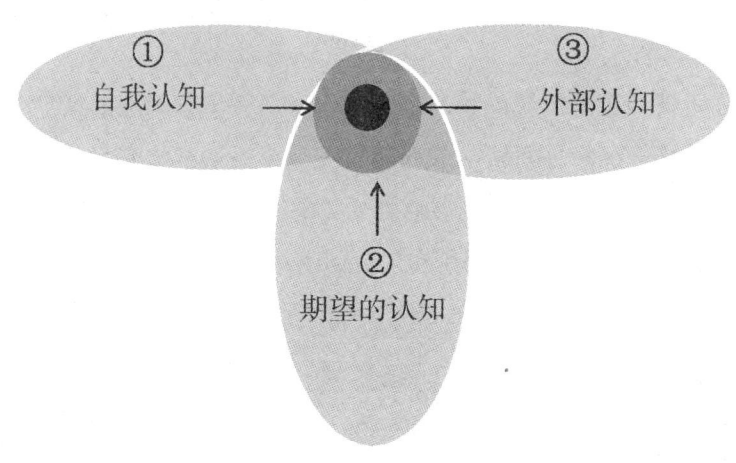

你们公司的个性

为了将阿尔弗雷德·阿德勒的观点应用于此，首先必须对公司进行全面的描述，而这种描述必须以公司个性为核心。一个强有力的公司往往以以下三个条件之间的平衡为特征：

- 公司对自己的认识
- 公司希望将来得到的认识
- 市场对公司的评价

公司这三方面的平衡性越好，它的个性特征就越突出——它的市场穿透力就越强（见图4-6）。

拥有突出而鲜明的个性的前提是使这三个方面完美地结合。阿尔弗

图4-6　一个公司的个性特征取决于以下因素

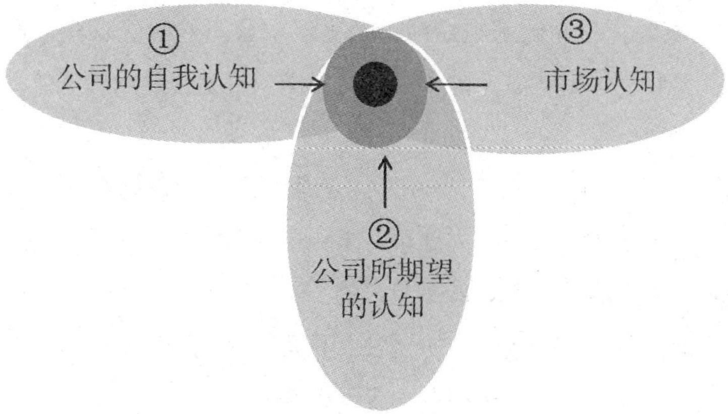

① 公司的自我认知
② 公司所期望的认知
③ 市场认知

雷德·阿德勒的观点仍然可以以同样的方式应用于公司。

内外结合、两手都抓才是硬道理

这一点已经很清楚：坚实的市场地位是公司未来的关键，公司的主要任务是确立这种地位并巩固它。将来，产品不会像品牌及品牌价值那样重要，因此，向同一个方向奋进并具有与品牌价值一致性的组织，必须提供这些价值，这也是强调公司个性之所以如此重要的原因。公司精神的发展远不止是一个不涉及公司价值的内部实践过程，这二者相互分离的结果将会使公司精神毫无意义可言。同时，还必须考虑外部市场定位的问题。一个公司是一个活生生的有机体，它必须时时刻刻向消费者展示它的价值。因此，公司精神必须反映内在公司与外部世界的联系，二者之间的这座桥梁至关重要。

积极的螺形型发展

经验表明，公司内部组织对消费者对本公司的看法以及他们真正从该公司购买什么了解得越清楚，公司员工向消费者传递准确价值的动力和积极性就越高。

由于目标明确，北欧航空公司成了最受商人青睐的航空公司。北欧航空公司的员工们在参与其内部服务事业中受到极大的激励，而这也理所当然地表明，北欧航空公司就是最好的。当外部文化与内部文化相互关联时，公司就达到了其一致性、协调性，具有了更鲜明的个性。这是一种积极的螺旋式上升的过程，达到这一步十分重要。

参与的问题

管理者必须亲自参与到其中，而不是将工作交给外界的广告代理公司去完成，因为他们孤立的想法和所得出的结论往往与市场状况不吻合。传播内部文化同样重要——包括公司代表什么以及它期望代表什么，这就要求连续不断的外部沟通，这在当今已经成为大多数公司的一个大问题，它常常被分解为许多不同的小部分。

大多数公司通过一系列不同的内部资源把信息传达到市场，管理者通过新闻发布会、年报及账目等渠道向市场发布信号，而这些信息中部分是针对金融市场的，部分是迫于要求发表自己对不同问题的看法的压力而被迫摘录的。他们通常认为，这些事情只是与公司关系很含糊的、似乎可有可无的问题，但实际上，确实是这些问题，才真正吸引着消费者、使用者以及外部世界。

对许多公司的领导者来说，政治性的消费者已经成为一种罪恶的化身，然而，就像公司变大以及在我们的意识状态中占据更多的位置一样，不管喜欢与否，他们都将在未来掀起足以令人关注的实战。公司几乎将成为政府里的小政府——消费者将会要求它们承担更多的责任，而一种责任也将与品评产品一样成为品评公司的重要因素。

未来迷茫的管理者

所有这些都使管理者感到茫然和迷惑，因为他们认为这是有悖逻辑的，但我并不这么认为。不是从传统的产品角度，而是从品牌角度来考虑，这是很有意义的。你必须明白，作为公司的管理者你应当如何控制信息的流动，虽然目前大多数公司的信息部门基本只是在管理和控制财政信息，并试图摆脱危机状态。信息部门的人很少为新任务的确立和完成而努力，或许他们认为信息管理任务在于调节传统的营销部门与新闻部门之间的关系，但实际上却在于协调高层管理者与产品销售部门之间的问题。由于一致性与统一性是真正关乎消费者的，因此需要全面而充分的沟通与交流。

仅需留意一下互联网上的沟通

今天，各个公司对待互联网上沟通的态度和处理方式各不相同，这完全取决于谁掌握公司的管理大权，可能是信息部门，也可能是营销部门，再或者还可能是人力资源部。互联网上所发布的信息或许是财政性的，或是与产品有关的，或者可能是竞争和品牌新闻。

你要明白互联网可以充当服务功能或销售武器。很显然，所有这一切都相应地会促发大量需求，就如大多数公司以传统方式所实现的一样。那么，谁在管理着主页？谁决定它的呈现状态以及你如何交流与沟通？

如果销售部门是老大哥

高度产品驱动型的公司为我们提供了另外一条外部沟通的有益思路。在这一情况下，产品的概念和设计部门以及技术部门常常会是公司与市场全部沟通的绝大部分，并且开发部经理在操纵着整个运作。还有一种状况就是，以销售系统为公司主要的外部沟通渠道的公司出现了，这种情况通常会发生在向消费者出售解决方案的公司内。在很多大型跨国公司内部，销售和分销配送成为十分庞大的部门，如果这些部门与公司理念没有紧密地结合，它们向市场传递的就是它们认为市场所需要的价值。这本身并非一个坏主意，然而，这一方式的弊端在于，公司不能将市场或消费者调整到自己所希望的趋向和状态中，而且难以为消费者提供比他们所期望的更高的价值水平。传统的营销部门也可以归于此列，它通常会发展为一个纯粹的沟通部门，创造将消费者视为其发展起点的广告宣传效应。

以上所列举的所有例证都表明，实际上不同的部门在处理公司的外部沟通问题时，让所有的部门都充分地认识到公司理念是极其重要的，这能让每一个人都清楚各自在整个过程中的作用。为了在外部沟通中强化内部的内在联系，形成一种圣经似的理念是十分有用的，其中要对不同部门在整个连贯的公司理念中的作用和贡献予以说明。本书将以麦当劳为例进一步说明这一问题。

言语传播

圣经似的理念不应该混同于一种设计手册，它不是关于版式、字体和广告策划的，圣经似的理念是用以解释和说明产品的——某一特定方式开发的原因，以及它如何与产品、理念、营销、设计、互联网、销售和新闻宣传等各个因素产生关联的手册。圣经似的理念同时还要反映公司的管理者与组织如何处理他们所处的外部环境和问题。圣经似的理念是一种价

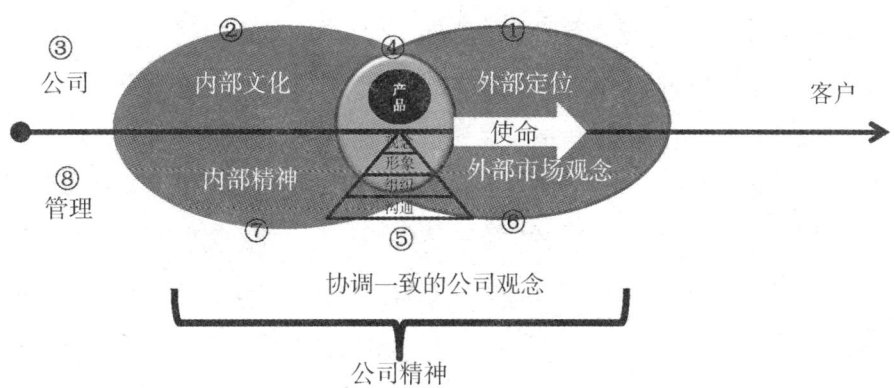

图4-7 全部的理念性部门成为公司的神经中枢

值圣经，它对有关价值进行诠释，并揭示应如何将它们传输到市场；它还是一种完成某项任务的指南，包括产品、设计、广告和新闻发布等各个方面。圣经似的理念形成后的任务，当然就是以确定保证其在市场中得以一致性推广的设计方案为重。

为了一个完整的公司理念的实施，公司结构需要得到相应的重新安排，而这一过程中简洁十分必要。

动态设计指南

这种设计指南比传统的设计方案更加全面和复杂，其内容包括外部沟通的方方面面，在技术规范上必须十分严格，否则将会很快过时。其次，根据商业经营理念的调整和转变，需要对它进行每两年一次的相应改变。千万不可将理念与设计指南当做是静止不动的事物，它们就像公司和市场的永恒变化一样，是不断发展的动态工具。

等待时机

大多数公司并不希望变化的发生，对它们来说，变化是不受欢迎的不速之客，有些公司可能会每五年或每十年努力改变一下自己的形象，而有些公司或许仅仅是延续着旧有的状态，而这两种状态中的任何一种都不可取。时刻关注市场动态是至关重要的，因为它可以保证整个公司行动上的一致与统一，最好的办法是成立一个专门统筹和管理所有输出和输入信息的部门，但对于大多数公司来讲，这需要对组织进行重新调整和安排。如今，理念、广告、促销和产品设计是关键组织内的主要职能，但是，每一个职能都对外部沟通产生着重要的影响。而且，随着品牌和市场地位的重要性日益提高，这些职能在组织中的作用也会不断提升。真正需要的是一个能够直接向高级管理层传递信息的完全理念化的部门，它更适宜由公司的主要代言人进行领导（见图4-7）。在此，一切都是统一的：产品营销、广告、新闻宣传、销售、销售培训、价值营销（活动和培训）、互联网、商店、分析、产品及理念发展、人力资源和人员招聘。

未来的脚步无法阻挡

事实上，传统的组织阻碍了以品牌和公司精神方式进行思考和管理的全部通道——而外界的建议者（或顾问）和供应商却只能将公司引向错误的发展方向。外界的建议者往往以咨询公司的形式出现，他们与公司相脱离，专业化于战略制定、理念形成、开发设计、广告策划、宣传形式、促销方式、人力资源开发、全面质量管理等各个方面。他们一切的成功就在于组织内不同部门的不同层面上的不同顾问所提出的公司存在的问题。作为个人，这些专家毫无疑问都十分善于做他们所从事的工作，但是，这并不意味着他们的工作就会对公司的整体一致性产生裨益和好处。如果我们具体关注一下沟通部门会发现，如今的大多数公司都在利用理念发展代理商、设计代理商、广告代理商、促销代理商、直接营销代理商、新闻宣传代理商以及交互式代理公司等为它们工作，但是你要清醒地明白，这其中没有一个会有助于公司年报的好转和公司账务状况的改进。

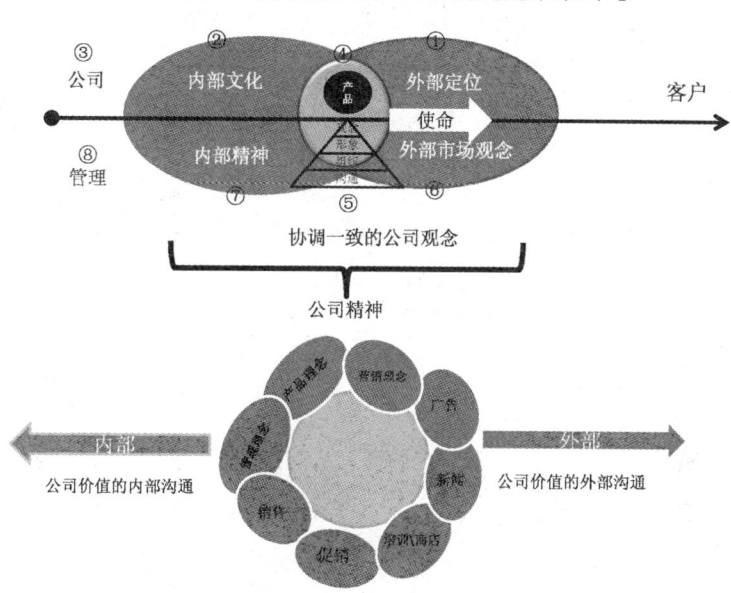

图4-8 实现充分的一体化沟通的未来公司

相反，出于一些很含混而难以言明的原因，这些业务通常成为另一家公司的利润来源。

每一个领导者都会试图按照自己的喜好和判断去领导公司，而公司真正需要的，却是一个能够帮助它开展并实施与市场全面而充分沟通的机制，这样，天衣无缝的完美性才能真正实现。

与孤立的专业化斗争

每一个专业化公司都试图具有创造性并使它的专业化领域达到与其能力的最优匹配，但是，尽管公司可能会认真地遵循某一设计指南，但这一努力势必还会产生完全不同的结果，从而形成完全不同的公司状况。这是因为，公司在以它的全部代价，即对公司一致性的表征和维持，实现着其专业化的最优化。我敢确信，这是公司今后所要面临的越来越严重的问题。因为公司形象的一致性和统一性才是消费者评判公司的决定性因素，一致性同时还能够提高公司的内部效率。

一切的沟通都在同一把伞下进行

沟通部门已经通过收罗不同领域的专业化技能而进行调整，但是，它们在没有统一协调和一致性的情况下，作为各自孤立的实体去运作。将来，新型的沟通公司——"一体化沟通代理公司"——将会出现，它将使客户能够开展和实施全面而一致的沟通。

这些新型代理公司拥有能够在各个层面上帮助公司进行全面沟通的专家，在需要的时候他们则发挥相应的专家职能，这将保证专家职能不会对整个公司的局面和境地不利。

完成本书的整个过程历时三年，在此过程中我已经意识到，全面一体化沟通代理公司是一个且惟一的一个发展趋势，而问题是，它们从何发展而来？是从传统的广告公司，从新闻宣传代理公司，还是从设计或策划代理公司？答案是：全面一体化沟通代理公司可以从它们中的任何一个或综合中发展而来，甚至可以来源于管理和人力资源公司，因为它们都是相互重叠的。这就是说，这些公司实际上都没有在为其任务而备战，它们每一个都在为未来的市场培育着一个狭窄的细分市场。只有因拥有丰富资源而能够在每一个一体化层面上建立起其竞争优势的大公司，才能成为全面一体化沟通代理公司。但公司越大，实现协调性统一的难度也就越大。因此，公司能力至关重要——理解全面性的能力以及认识到价值的创造在于外部定位、内部文化与公司的全面持续表现之间的桥梁连接的能力。

公司精神的实施必须包括整个组织。特定的专业团体在与公司精神发生具体联系时会遇到困难，但如果不是每个人都参与到其中，它将是无形而不被察觉的。公司精神以一种简洁明晰且综合全面的方式得以呈现和表达是十分重要的，这样，每一个独立的员工都能够理解它在他或她的日常工作中究竟意味着什么，这种全面表述与个人工作职能之间的联系必须紧密而坚实地建立起来。

最后的发展历程

随着传统的常规壁垒被打破，如果不挖掘更深的市场和公司更深层次的价值，仍然固守传统管理模式，那么这样的公司最终必将因组织结构对它们的困扰而以失败告终。你要发掘的是你未来将具有的明显特色，而巨大的挑战在于对一般的组织结构进行彻头彻尾的转换，并创造一种完全的思维导向型的管理。这尤其适用于外部顾问，他们需要在不丧失自己的专业技术和专家地位的基础上对自己进行重新定义，并对全局进行通盘考虑，而成功的人很少，他们必须能够全面考虑许多复杂的关系，并能够将自己融入这一未来所要求的统一而发展的趋势之中。那些已经迅速、高效地取得了成功并创造了辉煌的为数极少的几个顶级国际化管理者，都将是那些能够分析局势，再次认识局势，并有效地且有影响地将整个公司带入一个新的发展态势的人们，是能够将其光芒猛烈照射到外部及内部任何一个角落的人们。精神与信仰一致的公司需要对精神和信仰给予更多的关注，而对产品、包装和后勤安排注入较少的精力。许多公司都以这一指导思想为前提，但很少能够创造出一种一致而连贯的公司精神，而公司精神才是将整个公司与市场凝聚在一种和价值相关的精神化团体之中的核心要素。

许多公司拥有浓厚的内部文化和很强的自我认知能力，但却未必与市场对公司的认知相一致。公司拥有不同的文化取决于是公司的产品部门还是执行部门在与市场打交道，这或许是有利的，但实际上，只需要搞清楚是谁更了解市场，更了解新产品开发以及未来的发展出路。如果公司实际所销售的产品是一种解决方案、一种办法或一个概念，而不是产品本身，那么以生产型文化来运作公司则是毫无用处的。今天你或许会侥幸逃脱由此带来的损失和危害，但这种不和谐与不一致将会扼杀公司的未来。

扮演正确的角色

今后,公司需要对其市场地位有一个全面而真实的了解,需要明确如何始终保持这至关重要的一步不断向前发展,同时需要认识到公司的不同部门必须向市场传递什么样的统一价值。内部与外部定位之间的任何偏差和不一致都将是极具毁灭性的,但是,只要管理层能够正确地看待和规划公司,不和谐与不一致就不可能出现。这就像在剧院里上演的一出戏,每一个人都扮演着不同的角色,而且,为了取得较好的效果,他们必须清楚如何将内在的东西外在化。首先,剧本本身必须已经全部完成,它必须是一个很好、很吸引人的故事,是一个很好的引导者,是一个能够引起观众的极大兴趣和积极参与的大胆设想与承诺和责任二者的完美结合。

公司精神七步曲之五 系统

全世界的公司理念都有一个共同的特点,那就是它们在为其信仰的拓展和延伸而构筑系统。为了使公司精神成为公司的一个一体化部分,就必须使其系统化,否则,它仅仅是停留在表面上的文字而已。该系统是保证公司精神能够得以全面而彻底实施的一套准则。

比如麦当劳公司,为了在各个国家都成为"家庭式餐馆",它不得不保证消费者每时每刻无论在哪里的麦当劳店都能够享受到同样的待遇。汉堡本身只是它的一部分,而餐馆、周边环境、服务、服务的速度以及儿童的娱乐活动等也同等重要。这就要求有一个庞大而稳固的系统来控制所有这一切活动,并保证整个过程和细节都保持统一而和谐一致的产品供应。麦当劳的系统是培训程序以及能够使其精神得以传播的规章制度的综合，由于麦当劳的精神已经维持了其优势，所以这种汉堡精神的成功应该归功于它的体系。

迪斯尼也是一个成功的精神类型，因为该公司保持了它的"家庭式价值观"。迪斯尼从来都没有打破渗透在整个组织，从而统辖其观念、态度和价值观的原则。因此，迪斯尼的产品在它们的表现形式上都有着完全的一致性，每一件产品都以同样的价值观在欢迎和等待着消费者。正是因为迪斯尼的员工们可以遵循一个十分明显而突出的有形的精神，才使这一切得以实现。

图4-4表明了系统在确定公司精神中的重要性，它必须遍布世界的各个角落，以发挥其应有的作用。因此，你的任务是要建起一套能够使公司精神成为公司的一个一体化部分的系统。

下一章将讲述国际化公司如何能够将它们的公司精神系统化。这一过程通常涉及教育、培训和严格控制，而且常常要求有一套清晰的规则。在任何情况下，这些规则都要开始于精神，然后再转而起始于旨在为消费者提供更多价值的使命。

公司精神七步曲之六　责任与承诺

公司在其精神指导下的使命和愿景确定以后，在组织内部创造促使目标和价值观必须得以严格贯彻的承担责任和履行承诺的氛围十分重要。责任和承诺相当重要，不仅仅对公司内部，外部更是如此，让人震惊的是，有很多公司已经认真地确定了它们的目标且

> 管理者应该扪心自问的几个大问题是：为了完成我们的使命，我们必须保证整个公司承担什么责任并如何履行？我们必须对我们的员工提出怎样的要求？我们必须在我们的组织中培育什么样的态度、理念和价值观？

形成了清晰的实施规则,然而随后便将组织内责任的保证置之脑后。更普遍的情况是,高级管理者因为担心会不利于对个人的激励,尽量避免设置某种限制或规定,这是一种误导。认为这种方法给员工的积极性带来负面影响的管理者,既不可能在挖掘公司精髓方面取得成功,也不可能成功地挖掘出能够激发员工工作热情的激励因素,总之,在这一过程中员工因此丝毫没有任何归属感。

公司精神能够将组织带入一个向共同目标奋进的统一行动之中,它由决定公司状态的态度、理念和价值观形成。迄今为止,我一直在讲述有关它的一些描述性问题,但是从现在起,我们必须开始关注如何将这种精神真正融入组织之中。管理者应该扪心自问的几个大问题是:为了完成我们的使命,我们必须保证整个公司承担什么责任并如何履行?我们必须对我们的员工提出怎样的要求?我们必须在我们的组织中培育什么样的态度、理念和价值观?

注重责任意味着注重态度、理念和价值观,而非技能。这是困难的,而且要对管理者提出很高的要求,但却不得不承认,这也是十分关键的。

公司精神七步曲之七 行动

该模型中的最后一个要素是为了完成公司的使命所要求的在各个独立市场中的行动。在图4-4中,行动以一个箭头的形式反映出来,以表明它是惟一关系到将什么传递给市场的因素。

公司可以有最好的愿望和意图，但是，只有真正传达给消费者的才是最终真正起作用的。很多国际化公司将它们的大部分资源用于产品开发、教育投入和营销投入，将具体行动的执行交了分公司或子公司等分支机构，而由于在母公司与其分支机构间普遍存在着关于谁做主的权力斗争，因此事情往往事与愿违。

既然大多数公司并非完全以实际行动在实践着本应展开的过程，那么市场意图与市场现实之间出现偏差也就不足为奇了。关注定性化指标十分重要，因为这些因素是创造差异性，并进而确立强大而稳固的市场地位的决定性因素，这里有一只强大的手保护着在本地所做的控制品牌价值的努力。

行动失败所导致的独立市场不能进入的原因之一是缺少计划。全球市场上所发生的瞬息变化使得以恰当的方式为行动做计划十分重要，而错误的行动计划将影响同质性和穿透力。如果市场的开拓和发展不能依靠从公司总部获取的优势，那么这些市场就必须开展它们自己与市场的沟通和交流。这样，市场规则所决定的游戏便由此开始，而大输家却往往是公司，这也正是公司必须拥有一个能够保证行动一致性和核心化系统的原因所在。事实上，公司精神模型作为一种管理工具，其作用在于赋予你一个高瞻远瞩的视角，为你提供一个远视的思维。

> 公司可以有最好的愿望和意图，但是，只有真正传达给消费者的才是最终真正起作用的。

案例研究

IBM重回天堂的可能性

由于核心的分散化以及缺乏与其最终用户的情感沟通，IBM丧失了它在计算机领域的领导地位，是郭士纳将这个巨人重新带回了它应有的位置。

从小型国内生产商，到具有营销理念的跨国公司，IBM经历了感受与情感的全部过程。最初幻想型管理者托马斯·J.沃森将公司的名称从"计算机制录公司"更名为"国际商用机器公司（IBM）"。那时，该公司是一个拥有52名销售人员的普通公司，基本只销售时钟和衡器，而随着公司名称的改变，沃森期望的则远不止于此，他希望IBM成为一个大型跨国公司，同时，他期望他的员工们也拥有同样的梦想。为此，沃森宣布了几条规定，要求销售人员必须穿着正规的服装，禁止喝酒，且要求未婚的员工结婚，为什么？因为他认为，为了供养家庭，已婚的男人应该更加忠诚和有责任感。这些规定仅仅是IBM的员工所必须遵循的众多行为准则之中的一小部分，公司的三个基本价值观是："追求优越"、"最好的客户服务"和"尊重员工"。IBM曾经是它所在的领域最好的经销商，它的员工也要全力按照公司的宗旨进行实践，而作为他们为IBM所付出的努力和忠诚的回报，他们的工作安全会得到保障。

你被雇用了，然后你融入IBM家族之中，对你而言，这可能意味着这一辈子你终生和IBM相伴了。公司对其员工的教育和灌输已经成为其整个体系中根深蒂固的一部分，使得IBM学院得以成立，它的设立是为了培养公司精神中真正的信徒，这当然是绝对必要的。在"100家最佳就职公司"的名单中，IBM被形容为"以教堂对待精神的方式将其信念机构化和系统化"的公司。

IBM以其严格的中心化管理而著称，公司的每一个人都贯穿着公司总部的主线，从培训教育、市场营销，到如何销售产品以及如何对市场进行优先排序，每个人几乎都和公司方针保持一致。在遍布世界的员工培训中心里，IBM都在宣传着它的真理和信仰，整个组织都以一种正确的思维方式接受着持续不断的教育和培训，通过这种办法，公司以一个明确的使命为指导形成了强大的公司精神。在促使公司精神发挥其作用、承担相应责任以及保证具体行动实施的过程中，IBM付出了可观的资源投入，整个过程都在坚如磐石的中心化控制之中，IBM的员工没有一个人会怀疑公司的目标和期望。沃森创立了"开放之门的理念"，该理念意味着任何一个员工都能够直接接触到他或者直接写信给他，而他也尽量全部回复员工的各种问题。此外，IBM还发明了一套保证每一个人的声音都能够得到倾听的系统，每一年，公司所有员工都要以不署名的方式就公司的运作回答问卷，这样，有价值的信息会直接传达给高级管理者，不损失任何过滤的成分，没有任何疏漏。

同样的氛围也弥漫在市场之中，IBM创造了稳固的品牌文化，它已经成为一种市场信念，如果不如朝天祭拜般凝视IBM，没人能做任何事情。对于任何一个在市场中搏杀的大中型公司来讲，这种公司精神是关于管理系统的所有知识的源泉。

为什么会出现偏差？

IBM具有真正的跨国公司所应具备的一切特征，一切都与沃森的梦想相吻合，但同时，IBM也患有国际化公司通常较脆弱和敏感的病症。

当公司的营业收入达到了400亿美元，看起来似乎没有什么能够阻止公司的增长。如果公司能够按照其管理层的预定目标和计划继续发展的话，其营业收入在1990年将能够达到1000亿美元。一切都在陆续到位，

1990年，IBM已经整装待发，向营业收入1000亿美元的目标奋进。然而，此时却出现了一个"小问题"，个人计算机革命冲击了IBM。在以前，该公司对技术上的突然提升都心中有数，但这次不同，IBM进入了苹果公司所擅长的领域，虽然IBM的第一台个人计算机取得了巨大的成功，使其迅速获得了26%的市场份额，但是，成功并没有持续多久。

公司缺乏足够的对个人计算机市场的组织责任，这是导致其失败的决定性因素。IBM并没有根据市场所发生的从利润巨大的大型主机系统向利润微薄的小型个人计算机转换，没有适时地作出相应的调整。

IBM仍然固执地坚持其最初以主机为主的基本目标，产品开发部也在坚定不移地继续着大型系统的研制和生产，却忽视了从能够为管理者提供发展动态的市场上搜集有关信息，它忘记了一条黄金原则，那就是永远靠近你的最终用户。IBM在稳固地维护着原有客户，但他们只是一些公司的数据处理管理人员，对其他用户的需求和愿望却不甚了解。用户需要更加灵活和更易于使用的计算机，怎么给用户"解决方案"才是目前重要的内容，而不是机器本身。

市场用户已经从简单的数据处理管理人员发展到了一般的普通用户，IBM的力量因此而被削弱。对于普通用户来讲，IBM是数据管理者的品牌精神并无任何意义，而相反，IBM傲慢自大的形象和对用户的不友好态度使其经营状况愈加糟糕。这一负面的效应也反映在了对公司员工热情和积极性的打击和挫伤上，他们只能眼睁睁地看着他们热爱的伟大的巨人在不断地下沉。

分权化加深

IBM开始违背和偏离它的基本原则，一些大区的权力中心的自治化程度不断提高，甚至能够按照不同的方式自行进行市场开拓。随着公司分权化程度的不断加深，它离顾客的距离也变得越来越远。沃森的一份内部备忘录中点燃了警示的明灯："由于分权化的实施，我们很容易关注到自己的直接责任，却或许会忘记我们是在为IBM工作……"

持续的抑制

IBM的损失额高达81亿美元，这成为美国企业有史以来的第二大亏损额。郭士纳成为新的领导人，他很快就发现了公司的问题："我认为，新的领导人是陷入了一个等级阶层的陷阱。在过去的十年中，它是如此成功和辉煌，以至于它在拼命地试图用这种成功总结出一套系统，然后又极其兴奋和努力地去管理这套系统，而这却是一个致命的错误。如果你想成功，你所需要运作的是一个市场，而不是恰巧在某一特定时间内起作用的系统。"

郭士纳希望能够重新回到与市场的接触和交流当中并最终控制市场。他将遍布全球的IBM组织的员工削减了一半，从40万人裁到20万人。通过这种人员的裁减，大多数被分散的权力得到了抑制。到1994年，IBM已经扭亏为盈，获得了30亿美元的盈余。在郭士纳加入IBM之前，公司曾经有一个分割计划，准备将IBM分成若干个小公司，公司管理被削弱，且

郭士纳的到来防止了IBM被分裂成一些小单位和组织，因而也重新燃起了这个巨人复兴的火焰。

第4章 公司精神 135

没有明确的使命，只有少数几个员工还记着公司的宗旨。如果这些被划分的小部分得以运作的话，IBM很可能就以一个超级权力的彻底终结而告终。然而，郭士纳却作出了完全相反的决定，他阻止了将要使公司陷入四分五裂的分权，确立了统一的使命并创立了新的公司精神。同时，他将重点放在对最终用户的关注上，他将自己大约40％的时间用于与客户沟通和对话。这也是他所倡导的新的公司精神，正是这些举措让IBM曾经丧失的领导和指导地位又重新获得了新的生命。

多年来，IBM作为其所在商业领域的一种绝对的文化品牌，坚持不懈地向着领导先锋地位攀登，似乎没有什么能够阻止它前进的步伐。

> **案例要点**
>
> 曾经是品牌精神，就永远是品牌精神吗？并非如此。IBM由于丧失了对其用户需求的了解，因而也丧失了在其消费者心目中的精神地位。同时，分权的过程使公司走向了分裂。郭士纳证明了重新崛起的可能，是他，站在战争的最前沿，始终如一地坚持和维护IBM最传统的公司形象——认真对待每一位最终用户。

所谓企业界的普世价值

图4-9所示的品牌参与模型中，列举了我所选择的几家公司，着重选择了那些已经进入了品牌天堂的公司，我将它们按照品牌参与度的不同进行了划分。此图的目的是要说明，许多国际化公司都以强大的公司精神作为其发展的驱动力，而这些完全不同类型的公司在其各自不同的领域内都发展成了一种文化。

参与性必须从单个品牌联系起来看，而不是与不同类型的产品相关。原则上，所有产品范畴内的品牌都能够获得高度参与性，而当消费者将其提升至品牌精神的层面上时，就可实现最高的参与度。

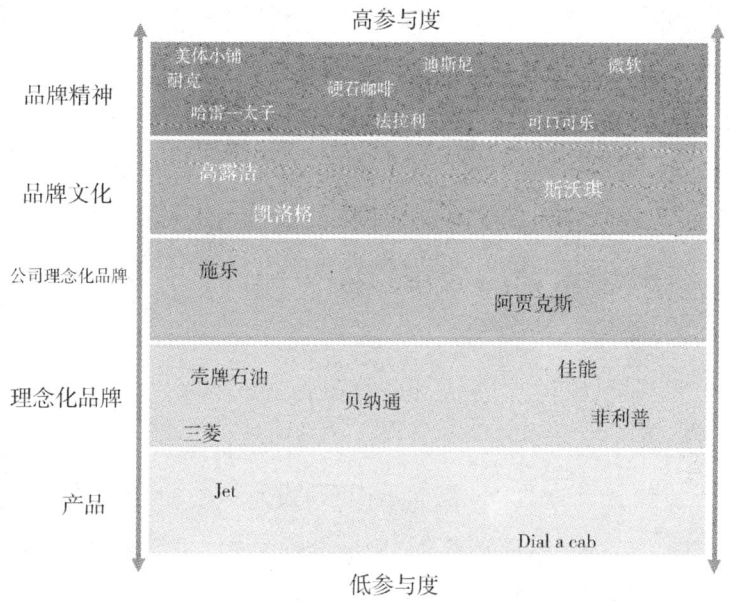

图4-9 品牌参与程度

在专业细分市场内,是知识和教育在影响着公司精神并树立着品牌在国际市场上的地位,而非物质的和情感的品牌价值则在国内市场上决定着公司精神。最优秀的消费者导向型公司是那些明晓如何给品牌赋予高度的定性化价值的公司,而试图单单借助广告的力量就建立起可靠而稳固的精神似乎不可能,这就是为什么举办活动和宣传报道在此变得如此重要的原因所在。斯沃琪就是一个很好的例子,在很大程度上,它借助于支持年轻而追求新潮的群体的各种活动,树立起了稳固的品牌地位。

对于零售连锁也是一样,包括营销在内,选址也是其中起决定性作用的因素。麦当劳是连锁零售的典型例子,也是将所有产品囊括在同一品牌下的典范,其自身的扩张也能够创造如文化般清晰而鲜明的品牌价值。麦当劳将迪斯尼人物广泛而彻底地应用到其儿童餐之中时,这一招十分见效,在其"家庭式餐馆"的精神建设中一直起着十分重要的作用。你可以认为两家公司都从这种合作中受益，因为它们的精神基于同一个关键的家庭价值观，迪斯尼为麦当劳提供最好的家庭娱乐产品，而作为回报，麦当劳在迪斯尼最新的影片促销中发挥了令人不可思议的奇特作用。

电子商务公司急需"精神"补品

以公司精神进行控制的专业化公司通常受产品开发、组织教育以及市场培育的驱动。

最进步的公司通过知识理念运作它们的公司，此时公司扮演知识库的角色，通过与市场的开放式对话向消费者传递所需要的知识和信息，同时，公司保持与先锋调研人员深入、密切的接触。在制药行业尤其如此，因为该行业作为与顶级调研师合作的结果，是很前沿的一个行业，因此该行业内的公司有着丰富的知识并且还培养医生。制药业的商业兴趣在于尽可能快地传播知识以及由此产生的产品，它们能够以比医生本身所在领域更快的速度传播知识，这些公司不懈地竞相争做能够提供新的治疗方法的创新者——它们通过知识理念获得了知识载体的地位。在某一特定的领域内，知道如何挖掘和占领这一地位的公司将获得品牌文化——甚至能够成为一种信念。

在治疗抑郁症的领域，礼来公司是一个很好的例子。药物百忧解的研制上市，使得它获得了抗抑郁药物市场绝大部分的市场份额，它是该领域的先锋，并以它具有奇效的药物告知广大的用户，它能够轻而易举地以更温和无害的方式治愈精神低迷。在糖尿病方面，诺和诺德公司的发明创造了新的治疗措施，它前瞻性地研发出胰岛素测试笔，与传统的注射器和瓶瓶罐罐相比，使患者更容易使用和处理。

在B to B的市场中，以公司精神为基础的公司常常被视为其所在行业或领域的专家，IBM在公司数据处理和管理系统等相关方面多年来拥有的专家地位，成为消费者不可分割的一个一体化部分，IBM不仅仅是一个计算机硬件供应商，它还是一个必要知识的提供者。这充分显示了品牌精神的优势和作用，那就是当消费者对他们所接收到的东西赋予了极高的价值时，价格就已经成为一个微不足道的影响因素。

案例研究

奥迪康：音乐的耳朵

丹麦的助听器生产商奥迪康公司在其处于停滞阶段的时候，一位新的经理——以公司精神理念武装起来的拉尔斯·柯林德——悄然而至。他的精神化领导推进了公司发展的步伐，并使其取得了令人震惊的成功。

在20世纪40年代和50年代，奥迪康开始培育助听器市场并被认为是该行业最具知识性的公司。这意味着当你遇到最严重的听力丧失时，你会毫不犹豫地向奥迪康寻求帮助，选择它的产品。这一市场在稳步地发展着，而且有特定的供应商在纯粹地做着"美容"方面的工作（将助听器隐藏在耳道里）。刚开始时，这一创新实际上为听力恢复提供了更加糟糕的解决办法，这促使奥迪康决定不再重复这种创新之举，但是，这个20世纪70年代和80年代作出的决定却被证明是错误的。

由于拥有稳固公司精神的美国供应商斯塔基公司的出现，让"耳内复听"市场爆炸般地活跃了起来，该公司的信条是，公司能够以人类所可能具有的深思熟虑和谨慎态度，借助于助听器的作用为任何类型的听力丧失提供一切服务。基于此，公司展开了关于个体消费者的服务市场，新的公司精神在美国创造了一个新的大市场，斯塔基公司就占到了其中25%——

第4章 公司精神 139

30%的份额，而由于美国占据了世界助听器市场的一半，这一新市场的开辟对奥迪康来说意义非同一般。在斯塔基公司尽享其明显的增长时，奥迪康这家丹麦公司却经历着停滞，甚至衰退。从一个为严重听力丧失提供出路的先锋领导型供应商，甚至堪称一种品牌文化，没落为一个极其一般和普通的助听器生产商，奥迪康已经不再是当初那个奥迪康。伴随着分权化这种国际化公司的通病的到来，公司中权力纷争在分支机构与母公司之间以及产品销售和产品开发之间开始出现，这使得公司既丧失了自信，也丢却了其核心价值。公司采取了其声势最大的分公司的方案，曲折地解决问题，但是，人人都想得到其竞争对手已经获得的东西，这样，奥迪康便不知不觉地沦落成了市场的被动跟从者，利润水平也随之下降，公司陷入了深深的危机之中。

柯林德聚焦公司

柯林德出任领导者之后，购买了少部分股份，以显示他对公司的浓厚兴趣和对公司继续生存的希望。他很快认识到奥迪康内部所存在的跟从市场领先者的坏习惯，他不得不重新设置组织核心并推动新产品开发。他从价值确立开始入手，其结果自然是奥迪康新的公司精神以人的价值为基础，因为人的价值是公司行为背后的指挥棒。柯林德对这些价值进行了这样的重新定义：

- 对消费者的态度：这不仅仅是提高听力，还要提升人的生活水平。
- 对听力衰退又祈望获得更好听力的人的态度：不是一个障碍，而是人生经历中一个自然的发展过程，就像视力下降要配戴眼镜一样。
- 对听力门诊和经销商的态度：不是传统意义上的消费者，而是拥有行善事的意愿并希望获得成功的合作者。
- 对员工的态度：是人员、职员的同义词，是共同工作的人们，是相互合作而不是彼此对立的工作群体。

● 对工作场所及其布置的态度：不是按部门划分成框格的组织，而是一个很少出现组织矛盾和问题的自由空间。

这些价值的延续使奥迪康举世闻名，柯林德让他的员工们以项目组的形式共同工作，而不是将他们按固定的部门进行安插，产品开发工程师、营销人员、市场调研员、设计人员以及销售人员等，都以项目组的形式共同工作，项目开发的时间由此缩短。根据所从事项目的具体情况，公司的每一个员工都以"带轮子的载体"的角色互相传递和交换着所有的经验和信息。

同时，柯林德为公司确定了明确的使命，这一使命是所有发展过程的指南和向导："以患者听力的好转程度为衡量标准，奥迪康应该制造世界上最好的设备和器械。"这一使命意味着标准必须不断提高。

重塑自信

巨大的革命、清晰而务实的使命以及新的公司精神——这一切都被一位坚强的精神型领导人以不可抵挡之势推进着，并为奥迪康带来了翻天覆地的变化。

奥迪康曾是一个在探索之中摸爬、怯懦而畏缩的小公司，如今它已经发展成为一个自信而强大的组织，在过去的四年中，它已经向世界市场推出了大量新型、先进的助听器。1995年，第一台完全数字化的助听器的诞生使公司的发展达到了顶点——这是一场产业革命。自从柯林德开始以一种清晰的使命和强有力的公司精神将奥迪康向前推进后，公司价值以十倍的速度增长着，利润占到了营业收入的大约15%，市场地位也大大地得到巩固。奥迪康在它的领域中为品牌文化的实现而努力奋斗着，它的更高目标是成为助听器市场的一种信念，它引导的是改进和提高听力的革命，而不是关于通过耳外解决还是耳内解决的战争。

> **案例要点**
>
> 奥迪康的发展很好地证明了一个正确的精神型领导者如何能够将一个陷入困境的公司重新带回通向成功的道路。柯林德对公司进行核心化,并将重点放在价值建设上,因为价值建设能够使组织在为实现共同的使命而付出努力的过程中紧密地维系在一起,它对一个以稳固的公司精神为基础的公司起着重要的作用,同时也将这一作用传递给其股东。

消费品公司的精神魔咒

知识和教育很显然将是在专业化市场中成为一种文化或一种信念的前提条件,而在消费品市场上,却很难预测什么因素能够创造品牌文化或品牌精神。但尽管如此,大量的耐用消费品品牌确实实现了其品牌的品牌文化和品牌精神,可口可乐、耐克、迪斯尼、美体小铺、哈雷太子就是它们中最显著的例子。此外还有其他很多公司,无论大小,它们也属于这一范畴。

尽管决定条件很难确定,但衡量品牌的消费者参与度还是可能的。通过衡量尺度的标准化,可以判断公司与消费者的关系。许多人都会愉悦地告诉你他们认为某一品牌多好多好,甚至会告诉你他们难以负担。品牌的所有环节,包括营销、包装、销路、人员、新闻宣传、直接及间接的信息资源,对满足消费者都是十分重要的。

最好的品牌具有统一的公司精神,当它们达到品牌文化的地位时,就成了消费者日常生活中的一部分,品牌对消费者参与度的影响越大,品牌对消费者的重要性就越大,消费者淡忘它的可能性就越小。将此因素作为关键要素认真对待的一个公司就是美体小铺,它既建立起了强大的品牌精神,也建立起了稳固的品牌文化。

案例研究

美体小铺的信条

在相当短的一段时间内,美体小铺将自己塑造成了一个全球性的品牌精神。它的创始人安妮塔·罗迪克悉心地创造出一种独特的公司精神,其主旨是"贸易和关爱",这种将贸易与关爱相结合的理念渗透在组织的一切行动之中,因而创造了公司内部和外部的和谐一致,这种整体上的协作结果则是引人注目的增长。

美体小铺是一个拥有不寻常的公司精神和品牌精神的公司,是美体小铺创造了"关爱型化妆品"的理念,它既是一个生产商,也是一个化妆品行业的零售商,在编写本案例时,它已经在46个国家拥有将近1500家商店,其中199家为公司所有,其余则为特许经营。如果说美体小铺的"关爱型化妆品"是一个现象的话,那么它在社会活动中的广泛和积极参与则可称为另一个现象。美体小铺充满热情地参加以绿色为根基的活动,如绿色和平、地球的朋友以及国际特赦等。在商业经营与对社会的认知和责任方面,美体小铺已经建立起了和谐的契合点,它对用动物做实验的憎恨、对环境的高度重视和爱护以及对第三世界贸易关系的警觉等,都在不断地鼓励和支持其员工积极地参与到对社会问题的关注中。

与传统化妆品的碰撞

安妮塔·罗迪克生于1942年。1976年,她的丈夫因赴美洲的旅程延期而需要离开两年,为了抚养两个女儿,她在莱顿码头开了第一家美体小铺。当她的丈夫在一年后归来时(比原计划早了一年),她已经拥有了两

国际特赦组织是一个稳定的合作伙伴。

反对以动物做实验的斗争一直以来都是美体小铺的一个主要问题。

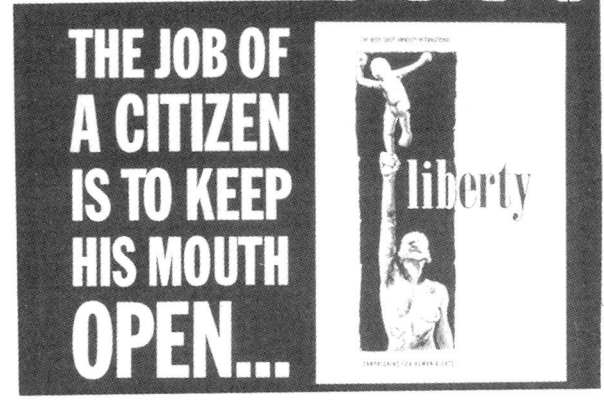

美体小铺的理念交流与传播。

家店,但却只拥有公司一半的份额,为了筹措开办第二家店的资金,她将另一半以4000英镑的价格卖给了她的一位女友的男朋友。

当美体小铺首次在股票市场上市时,它的价值已经涨到了475万英镑,而今天,这一数字又已被改写为几亿英镑。在我看来,美体小铺现象的出现只有一个原因可以解释，那就是因为安妮塔·罗迪克和她如今已经成为公司董事长的丈夫能够完全将本书中所阐述的核心观念恰如其分地应用到他们的核心事业中。

安妮塔·罗迪克花费了大量的时间四处周游，以探询那些美体小铺所能涉及的人们。

安妮塔·罗迪克进入化妆品行业完全是受该行业的商业经营方法的触动：不实际的产品承诺、理想化形象的使用（通常是在广告中），以及对昂贵奢华的产品包装的过度关注，这一切使她非常愤怒。曾经是老师的她，商业经验仅限于餐馆和酒店宾馆业，因此她决定成立一家仅提供以天然原材料生产的化妆品，用尽可能便宜且可重复使用的塑料包装，在销售过程中绝对不使用任何关于美丽或永远年轻等宣传字眼。由此，一种完全的环保意识和一种与传统的化妆品销售方式完全不同的形式出现了——这一意识同时发展成了一种公司精神和一种品牌精神。

按一般的看法，美体小铺在广告方面的投入相当少——它仍能实现可观增长的关键原因在于公司所取得的自由、开放的自然宣传效应。

美体小铺和安妮塔·罗迪克在随时随地

当需要采取行动时，安尼塔·罗迪克总是在最前沿——在媒体的报道中能看到她的身影。

第4章 公司精神 145

宣传着其精神，并产生了无穷无尽的积极的媒体效果，曾经是反对动物实验的个人斗争多年来已将安妮塔·罗迪克的个人参与演变为了一种精神。

美体小铺对用动物做化妆品实验的反感和抗议让公司很快被公众所认识和接受。公司从创立之初就开始支持绿色和平事业，此后不久更与"地球的朋友"活动一起为酸雨问题而展开了一场斗争。通过对这些以及其他类型活动的资助和支持，美体小铺引起了公众的广泛关注，其公司形象迅速提升为"关爱型公司"。早在美体小铺公司的所有者们首次注意到这些红色警报信号之前，美体小铺已经是绿色浪潮老一辈弄潮儿，是具有社会敏感性和政治敏感性的消费者心目中的偶像。

履行你的承诺

当你将自己视为有关原则性问题的代言人时，将其应用于自身就十分关键，你最好从最细微的地方开始，这样可以保证在消费者心中形成一定的可靠性。"在保证我们自己的经营实践符合我们的原则的过程中，我们是十分小心谨慎的。"安妮塔·罗迪克在她自传与管理相融合的书籍《身体与灵魂》中这样写道。她时刻保持着警惕和谨慎，以保证美体小铺赖以建立的公司价值总是以更加有效的方式实践和履行着。

1996年，美体小铺公布了它的第一份《价值报告》，该报告是关于伦理道德的，其核心主旨可以以题为《我们的议程》的文件进行归纳，该文件里不仅陈述了公司在不同领域中所取得的成就，而且呈现了美体小铺要在商业领域和伦理舞台上完成的具体使命，反对动物实验仍然是公司的核心任务，它被系统化，并得到了"供应商采购原则"的支持和保护。

这一原则意味着公司不能使用在动物身上做过实验的化妆品原料。

为了保证与该原则的一致性，所有的供应商都必须签署一个相应的宣言，并要进行检查和监督。该系统十分有效，并获得了ISO9002认证（ISO是一个质量控制方面的国际标准化组织）。对其他领域大规模、全方位的检查也在展开，以保证供应商符合该项活动中所倡导的高度的道德标准。美体小铺拥有一批这样的员工：他们的核心工作就是保证公司原则能够被遵守。比如，公司设有一个公平贸易部，其主要工作是关注与灾难深重的第三世界的合作，这是美体小铺的团体贸易政策中所确定的一个使命——以前称无援助贸易政策，公司目前的政策是简洁而直接的。

通过公平贸易推进世界的发展被证明是一个成功的战略。美体小铺的道德审计部和公平贸易部组成了公司的"价值与使命中心"，由安妮塔·罗迪克进行管理。公共事务部负责协调并监督公司的产品生产和工作进程，以保证局势的稳定并防止不合理的精力浪费。美体小铺对使用来自危险国家和地区的原料进行核查，并对发展中国家是否受到不利的影响进行监督。语言与行动之间的所有的一致性都没有任何疏漏，安妮塔·罗迪克对自然的热爱和维护弥漫了整个组织，而她的责任感和实践作用是成功的关键。那些企图指控美体小铺是在进行"社会诈骗"的人最终也未能对公司形象造成任何不利的影响。就公司内部而言，老板自己就是员工们的榜样则永远是它的优势和强项。

贸易与关爱被作为一种精神

安妮塔·罗迪克那坚定而稳固的公司精神成功地吸引了员工的积极参与，使他们意识到自己不单单是商店的服务员，而是绿色革命的参与者和使者。我认为，这一点具有十分重要的意义，因为与此同时，他们还能够学会如何培养同样健康向上的商业价值，而没有这种价值，任何的进步都将是不可能的。

美体小铺的教育方法很好地说明了商业与关爱如何能够携手共进、和谐一致。多年来，员工们接受了一系列有关各种各样的社会问题的教育和培训，包括艾滋病、酗酒、吸毒、失业，当然还有环境保护问题。为了保证公司的每一个员工都能够接受这种教育和培训，设于不同国家的分支机构都派遣人员到英国去学习，然后作为培训者回国传授给本国的员工。员工们信奉美体小铺的道义和精神，并充满希望地将这种精神发扬光大。

美体小铺对环保的倡导不是仅停留在口头上，而是落实到了实际行动上，倡导使用双面可再生纸的风气已经遍布整个公司，与此同时，美体小铺还号召消费者重复利用包装，比如如果消费者愿意使用旧瓶子来灌装新的面霜，那么可以优惠得到新的化妆品。这些与众不同的举动塑造了公司鲜明的外界形象，吸引了很多认同此理念的人士，很多人真心地愿意为安妮塔·罗迪克工作，哪怕是做没有薪水的志愿者。

安妮塔·罗迪克仍然到处游走并与不同国家的员工会面，这样，她便能够确切地知晓，美体小铺通过将社会和政治问题与其产品相连而获得的坚定的品牌和公司精神在将来也能够一如既往地控制美体小铺的明天。

美体小铺很好地说明了公司精神与品牌精神如何能够和谐地融合。创始人安妮塔·罗迪克"贸易与关爱"的个人价值渗透在组织的一切行动之中，受到雇用的员工，都是那些认可这些观念和价值，并能够在消费者中间创造可靠性的人们，这样，内部与外部的协调与统一便不断得到加强。

分公司才是危险的地雷

相对而言，美体小铺是有幸将其公司精神传播到整个世界的欧洲跨国公司的一个孤立的例子，而绝大多数的欧洲大公司似乎都承受着不同市场上不一致的营销理念和方式的打击，这些公司的品牌往往由各分公司或子公司操控。未来的发展趋势是，严肃认真地对待其品牌建设的公司将不得不面临在全世界呈现其统一和谐的公司形象的问题。正如图4–10所示，由于国际市场比国内市场大得多，因此国际市场将支配母公司。第2章和第3章中

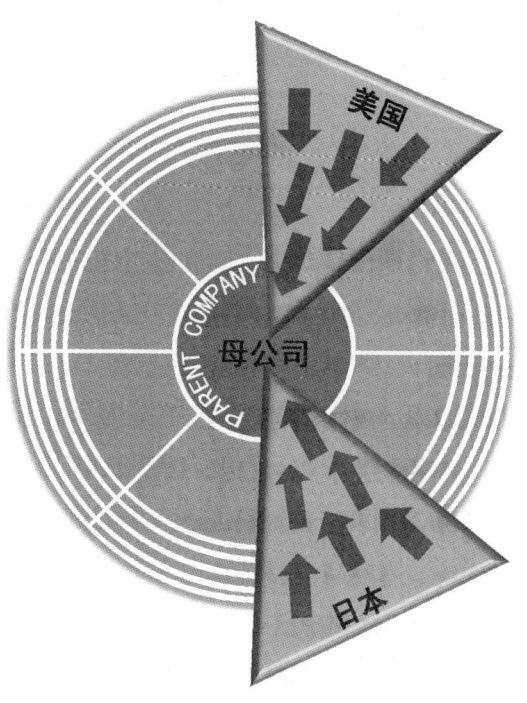

图4-10 受到威胁的母公司

已经阐明，欧洲的跨国公司必须彻底改变它们的市场调整理论和观念，即使在欧洲本土以外的五个市场上的分支机构具有两倍于本国母公司的营业收入，因为这是公司能够保持其本身中心化运作的惟一出路，也是保证公司对市场变化作出迅疾反应的出路。

然而遗憾的是，欧洲的国际化公司全然没有认识到美国公司已经知晓和娴熟的东西：管理最重要的任务是关注整个组织所应承担的责任和所应采取的相应行动。美国公司的管理者是运作大系统的行家里手，他们都成长于一个庞大而丰富的本土市场，没有将主动权与决策权交于分支机构的传统和习惯。下一章将对该问题作更多、更详细的阐述，但我想用一个最好的被世界的多种不同文化证明为毫无任何障碍和界限的公司精神的例子来结束本章。

案例研究

迪斯尼：价值一致，成就辉煌

无论是在其产品中还是在其组织内，迪斯尼都坚定地固守着一套普遍的价值观。这种忠诚的价值观或许会存在一些问题，但是，我们首先应将其视为一种造就永恒成功的源泉。

迪斯尼集团销售产品，迪斯尼销售对生命的感悟，迪斯尼销售价值观，迪斯尼销售一种文化，这些价值就像迪斯尼所享有的经久不衰的声誉和知名度一样不可动摇和改变——虽然这看起来似乎已经过时，尤其在欧洲市场。迪斯尼世界建立在一个所有消极的因素或有争议的话题——政治、精神、性和毒品——都被禁止的神话王国的基础上。当迪斯尼人物拿起武器的时候，毫无疑问那是为了积极的梦想而斗争，这些被以一种与现实的暴力完全区分开来的方式来描画和勾勒。

"米老鼠的形象杜绝了个人利己主义，并将儿童带进了消费者的行列。"欧洲迪斯尼乐园在巴黎呈现时，《费加罗报》这样评价。这个评论的第一部分至少应该受到质疑，迪斯尼提倡资本主义、个人主义、美国梦想和家庭价值，这一点在它的滑稽角色中得到了反映。

尽管以这种保守的方式来处理问题在那时已经极不流行，但这一特质仍然保留了下来。要抓住的关键一点是，在市场并没有按照预期的趋势发展时，该集团并没有就此退缩或改弦易辙。迪斯尼就是迪斯尼，仅此而已，消费者必须关注产品，而不是其他的什么东西。

迪斯尼的策略

米老鼠俱乐部已经拥有了大约100万会员。为了成为会员，你必须知道米老鼠的誓言："在家里，在学校，在操场上，无论在哪里，我都要做好事……简言之，我要做一个优秀的美国人。"一个优秀的、好的美国人，简言之，就是迪斯尼。令人吃惊的是，米老鼠已经成为美国社会核心价值的不朽象征。

迪斯尼乐园是这一意识形态的最好的例证。在《造就持久——真正成功的习惯与梦想的公司》中，作者叙述了迪斯尼乐园的新员工们是如何接受历时几天的培训的，以及他们如何在此过程中接受迪斯尼精神的熏陶并被彻底洗脑。员工们被视为使观众开心和快乐的演出的参加者，整个组织都为此而努力，任何事情都是重要的，公司的整个系统涉及一切行动——甚至包括远在异地的活动。当一家生产电子灯具开关的丹麦公司要求能够被允许使用迪斯尼的人物形象时，得到的回答是斩钉截铁的：不行！迪斯尼的理由是什么呢？它不希望与孩子的房间失火产生任何干系，尽管丹麦的迪斯尼组织与总部距离甚远，但它依然遵循着一个清晰的原则。这向我们显示了一个品牌具有稳固信念的重要性，无论在哪里遇到，组织和品牌都具有相同的价值。

正是由于以一种连续而统一的方式形成了一套有形的机制，使一系列不断得到强化的信号成功地传输给市场，因此，这个梦想型的公司最终实现了它的愿望。

法国文化之争

迪斯尼出错的时候很少，但其中一个是欧洲迪斯尼乐园，或者如现在所称的巴黎迪斯尼乐园。欧洲迪斯尼乐园创办于1992年4月12日。

The WALT DISNEY Company (Nordic) a/s

沃尔特·迪斯尼的价值观仍然控制着公司。

• Walt Disney Company

• Walt Disney Company

• Walt Disney Company

• Walt Disney Company

迈克尔·艾斯纳几乎是迪斯尼之外的迪斯尼。

欧洲迪斯尼乐园1993年53亿法国法郎的赤字和1994年18亿法国法郎的亏损说明了在吸引游客方面问题的严重性，迪斯尼公司与法国本土公司结合的结果是文化的冲突和战争。迪斯尼希望在极为宽泛的范围内保持自己的文化特色，因此在欧洲迪斯尼乐园的成立过程中，它只是根据美国模式对其进行了微小的调整，但是却忽视了与法国文化的融合。在欧洲迪斯尼乐园里，虽然迪斯尼认为自己提供饮料好像没有什么不对，但是在法国人眼中，他们能享受的餐饮服务中竟然不提供葡萄酒（或烈性酒），这简直就是违反人权，是让人不可忍受的事情。就是这些诸多小小的细节，让欧洲迪斯尼乐园从开业以来，文化冲突就不断升级，这严重影响了迪斯尼在法国的发展。

法国或许是欧洲最难实行外国文化的地方，但巴黎迪斯尼乐园逐渐地找到了它的立足点。经过漫长的文化融合，1995年，形势有所好转，游客的人数突破纪录（1070万人），营业收入也得到扭转，盈余达到1.4亿法国法郎，进步还在向同样的方向扩展：第二年，游客人数达到1170万，所创造的盈余达2.02亿法国法郎。棒极了！

并非信仰活动

20世纪60年代时，迪斯尼大学成立，所有的员工都必须参加一个关于迪斯尼传统和价值的信息发布研讨会。与麦当劳的方法相同，迪斯尼也拥有一部内部圣经，它讲述了员工们应如何规范他们的行为。7万名员工中，人人都有一张愿景目标的陈述卡片，它以口号和标语的形式归纳了其内部圣经的全部内容，员工们在任何时候都要遵循它。

迪斯尼本人死后，迪斯尼公司遇到了一些问题。这位突然逝去的人将他的一生奉献给了公司，要知道一个高层领导者的精神与公司精神相匹配和融合是十分重要的，这样才能持续不断地以核心价值来专注地运作公司。迪斯尼公司能够发展正是因为有这样的领袖，但迪斯尼去世后，公司一度失去了这样的领导人，直到1984年，真正的信仰者迈克尔·艾斯纳的到来，才使迪斯尼公司的问题得到解决。艾斯纳甚至能够比迪斯尼本人更好地诠释迪斯尼。结果，公司取得了更显著的进步，其价值水平从G级资本等级跃升为V级资本等级。

> **案例要点**
>
> 　　迪斯尼公司对保守的"家庭价值"的忠实捍卫保证了公司作为一种信仰在全球家庭娱乐界久攻不破的地位。迪斯尼的价值深深地扎根到公司内部，无论在某些特定时期内它看起来是多么不合时宜，都没有什么能够将其淹没和毁灭。迪斯尼的精神不是适应市场——而是市场顺应迪斯尼的精神。

第5章
责任与行动

让员工学习承担责任

培训力量大

人人都可以接受教育

拿什么支撑你的信仰?

行动起来吧!

谁告诉你计划没用?

责任是世界发展的最大驱动力的动力。

——布莱士·帕斯卡

为了显示公司精神的精神实质，管理者必须在组织上下创造承担责任，并将语言付诸行动的良好氛围。

公司精神的产生不是一种瞬间的行为，没有人在一大早起来就能够突然确定一个可立即付诸实施的完整的愿景目标。公司精神的形成是一个很艰难的过程，甚至可以用百炼成钢这个词来形容，在公司精神得以发展之前，公司必须首先具有一个一致且核心化的品牌。当这一切都已经就绪时，下一步就是使整个的国际化组织聚焦于同样的品牌价值，无论在什么地方，公司新的一体化结构都必须是随处可见的，公司必须以每一个市场上都共同具有的价值标准来吸引消费者。这样，能够保证一体化的市场地位和品牌价值，而且，满足一个选定的目标群体比同时跟从多个市场更加容易、简单，这也将有益于未来的产品出新。

要关注整个组织，保证他们都在履行着管理者所期望他们完成的事情，这是造就真正成功的公司的主要因素。可口可乐公司或许可以算是履行承诺的最佳范例，它那强大的责任感已经创造出了大多数人都认可的世界上最有价值的品牌，整个公司清晰明确地遵循一个已确定的使命的事实，这在它的小手册里得到很好的说明。

可口可乐公司是关注公司员工责任感的绝少的几家跨国公司之一，而这样做的结果证明，它取得了相当显著而伟大的成功。大多的公司都拥有远大的目标和规划，但在监督和控制其是否已经展开以及如何实施方面却做得不够。这其中定有原因，可能是费用昂贵，是的，我们都得承认这是一个耗费资金的事情，但它值！在此方面所花费的每一分钱都是值得的。

让员工学习承担责任

创造责任承担的方式有很多,比如以下一些方式:

1. 远大目标和愿景
2. 热情
3. 产品开发
4. 教育
5. 时尚潮流
6. 营销
7. 信仰
8. 建立管理系统
9. 媒体宣传

1994年2月,可口可乐公司以内部小册子的形式清晰地表达了这些关系,高层管理者这样表述公司的使命:″我们的存在,是为了通过建立一个使可口可乐的品牌商标不断得到提升的商业经营模式,为我们的股东创造价值。″

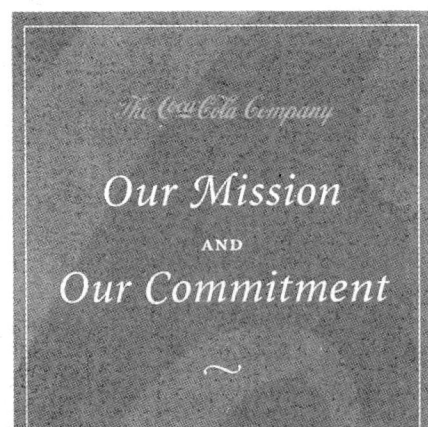

可口可乐公司的内部小册子。

在这些方式中还可以再添加第十个途径——高层管理者必须进行引导，并向每个人充分显示他们对此的真正需要。本书所讨论的不同案例和不同情况说明，在以公司精神驱动的公司愿景目标的实现过程中，责任的产生并无固定的模式。以耐克为例，它借助世界性大型体育赛事，通过遥控的方式将组织带进了运动品商店——并由此创造了围绕着其品牌展开的责任和承诺的履行；而另一方面，麦当劳以规范一切的永恒不变的规则，以针对完成使命所需要承担的责任而设计的大型培训计划，以它的文化延伸，发展和完善着它的精神。麦当劳的道路比耐克漫长且艰难，而二者都有各自的强势和弱点，耐克所采取的策略很显然在发挥着作用，但它取决于这样一个不可回避的事实：它必须不断地向运动健将和冠军们提供赞助。

让我们暂且来联想一下天主教堂，天主教遍布全球的组织建立在其信仰之上，这种信仰表现在参加全球性集会时忠实的责任感，为我们勾画出了一个可以借鉴的模式，因为信仰产生动机。管理者的任务因此首先是保证员工对公司的信任，然后激励消费者去信任公司。

追逐流行趋势是试图形成责任最危险的途径，因为将国际化公司建立在一个因突发奇想而变化无常的行业基础上是十分冒险的——当然，除非是公司自身创造时尚，而且，这意味着公司不得不对真正决定潮流和趋势的机制运作具有十分透彻的深刻认识。

因为信仰产生动机。管理者的任务因此首先是保证员工对公司的信任，然后激励消费者去信任公司。

这里一个很典型的例子就是国际时装屋，领导时尚潮流是对整个组织的激励和鼓励，商店的销售人员以极其浓厚的兴趣紧跟着潮流和时尚的脚步——甚至新的服装款式一进店门，他们就经知道它的销路，他们具有一流的责任感，对自我价值具有高度的敏感性，因为他们的品牌和他们的商店，是决定其他的每一个人如何认识时尚的一个切实部分。如果你走在大街上，比如说，进入一家美国服装店，你可以很清楚地感受到这种责任的存在。如果乔治·阿玛尼能够在领导时尚潮流中不断地取得成功，那么，他的员工不仅仅是在销售服装，而是在销售合适、恰当的服装，是在销售真正的服装这一事实的本质，就能够使他们具有不断更新的责任感。

时装业同时也是一个能够很好地进行沟通并施加控制的行业。时装秀就是一座庙宇，它的奇特怪异的仪式通过电视、报纸及时装杂志传播到世界各地。通过关注超级时装模特，时装的精神被披上了消费者最终的神圣使者的面纱。从精神型品牌中猎取一些东西是很重要的，因为这样，你才能够为保持和巩固公司的领导地位而进行的产品开发不断地挖掘出充足的资源。阿玛尼对此很在行，他不只是停留在极其昂贵的服装上，还尽量照顾到那些对价格敏感的消费者，在不损害其恃才傲物的本性的前提下为其提供较便宜的服装，以拓宽消费者的范围。而且，由于征服了众多的市场，因此他获得了极为广泛的价值——这样就使他能够始终走在市场营销和新产品开发的前列。通过这种方式，阿玛尼保有一个品牌精神能够平稳、顺利运行所需要的整个的大系统。

阿玛尼已经知晓这是关于品牌统一性的问题——并很好地把握了它。在大多数重要的市场上，他都拥有自己的商店，因此，没有人能够获得摧毁其在服装界非物质领域的稳固地位的机会。

培训力量大

在大型国际化公司中,知识的匮乏是缺少责任感的主要原因之一,这可以从以下几个方面说明:管理者希望得到什么?消费者更需要什么样的解决方案?我们如何能够给他们以最好的出路?

如果一线员工自己能够找到最好的工作方法和最好的解决途径,那么结果就会完全不同,有些做得非常出色,而有些就会稍逊色一些,这并不足为奇,你要知道品牌价值包括许多的可能性,就像品牌本身所涉及的如此众多的方面一样。但是,如果一个品牌要想取得成功,它的价值就必须统一地进行传播和沟通。

如果公司领导者感觉到某一位销售人员具有别人不可取代的地位,那么这就是一个品牌一致性还远未实现的确切信号。无论他是多么出色和优秀,消费者购买的理由永远都绝对不能是销售人员,而必须是公司理念、价值和产品。当然,每一个成功的、有责任感的精神型公司中都包含着人力因素的贡献,但是,这一因素应该是参与成功而不是决定成功。不能将品牌市场地位的决定依附于人员的个人魅力和影响力上。

最成功的公司往往是那些懂得如何实现公司产品在所有标准上的一致性和同一性的公司,而培训是最佳的办法。通常认为,人们总是愿意为了去更好地工作而接受教育,如果培训对公司来说是一个问题,那

> 借助于对产品的一切所进行的有的放矢的介绍,借助于消费者与公司的接触和交流,借助于对员工的培训,对公司使命强烈的责任感就能够被培养和创造出来。

第5章 责任与行动

么管理就有问题了，管理者没有能够抓住突出的控制机制。

大多数公司在销售人员的培训中传授产品知识，但它的重要性和作用也只不过是等同于公司将拥有一套很娴熟的系统化销售方法。

借助于对产品的一切所进行的有的放矢的介绍，借助于消费者与公司的接触和交流，借助于对员工的培训，对公司使命强烈的责任感就能够被培养和创造出来。咖啡连锁店星巴克就完全按照这些途径成功地发展起了强有力的战略。

案例研究

星巴克的咖啡精神

让25000名合作伙伴全身心投入！

"最早的星巴克是一个保守但却充满个性的地方。门开启的一瞬间，咖啡的浓香扑鼻而来——使我陶醉。我踱步走了进去，迎面看到了类似于庙宇的对咖啡的膜拜。在我被诱惑去啜饮第三口时，我似乎感受到了一个全新的天地。"

这些话是星巴克的主席兼首席执行官霍华德·舒尔茨所言，叙述的是他于1992年第一次光顾星巴克咖啡店时的感受。星巴克最初只是一个咖啡豆烘烤加工厂，拥有5家商店，经过17年的发展，星巴克已经成长为一个拥有2100多家咖啡店的连锁企业。1997年，星巴克每星期要接待500万顾客，而这些顾客一般每个月都要光顾18次。那么，咖啡本身如何能够发展成为如此巨大的生意呢？这个问题问得很好，而其答案或许能够从你喝的最后一杯令人生厌的咖啡中找到！

本案例是关于认识超级品牌的传输是如何进行的——在消费者使用或享受它的每时每刻，无论是产品本身，还是商店周围的环境和氛围，或者是员工们以他们特有的方式欢迎和接待顾客时，以及培养顾客对世界级咖啡与众不同的兴趣和偏爱时所流露出来的知识和热情，无不在传递着品牌的信息。星巴克——与在其他具有突破性品牌特征的服务型公司一样——牢固地掌握在其合作者的手中。在追溯星巴克的成长历程之前，让我们来仔细地分析一下星巴克价值主旨的独特性。

将浪漫倒入杯中

这起始于敏锐的洞察力。星巴克并不认为自己处在咖啡行业里并为人们提供着服务，它认为自己处在人性的行业中，在为人们提供着咖啡，这是在玩文字游戏吗？绝对不是。渲染咖啡豆、渲染顾客、渲染在店内的一切感受，让一切都浪漫化——这正是使消费者对星巴克感到满意的地方。简单来讲，星巴克对产品质量的要求十分严格，不管是未经加工的原料豆，还是它的运输、烘烤、混合、水分过滤，以及最后的制成后享用，一切都要完全按照最严格和最精确的标准完成。超越赤裸裸的产品本身，"星巴克的经历"弥漫和烘托着店内好客而丰富的环境和气氛，它的舒

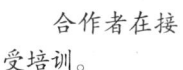
合作者在接受培训。

星巴克咖啡店于1971年在西雅图开了它的第一家零售店。今天，它在美国、加拿大、东亚、英国、新西兰以及中国的连锁店已经超过了2100家。

适，它的平易可亲，以及它所具有的时尚和优雅，深深地吸引着人们。人们在精神放松时会光顾星巴克，在一天繁忙的工作之余会光顾星巴克，在个人招待和聚会时或许也会光顾星巴克，而每一个光顾者都将拥有一段值得回忆的经历。因此，无论是起居室般的家具摆设，还是精心挑选的装饰风格和灯光设计，都不是浪费表情，而是锦上添花。咖啡机蒸煮咖啡发出的嘶嘶声、碾磨咖啡时的低沉声都被过滤了出来，牛奶泛出气泡的声音，抑或金属铲翻炒咖啡豆的嗖嗖声，这些熟悉的声音对于消费者来说，都是悦耳动听的音乐。

品牌传输背后的团结

管理类书籍对"授权"一词有着十分丰富的解释，大量的书籍十分中肯地指出授权的必要性，而且其中有很多都给出了精心设计的实施授权的路线图。但必须提醒一点，大多数书籍掩盖了这样一个事实：在所有管理的授权中，品牌授权或许是其中最敏感的一类。因此，通过所有新加盟的合作者们（这是星巴克对员工的称呼）在其进入星巴克之初的80个小时都必须完成的5次4个小时的课程培训，即学习之旅，让我们来看一下星巴克在这方面是如何做的。

从第1天起，新的合作者们就被灌输星巴克的价值体系和基本信仰。星巴克的培训包括：

- ●基本的和出色的咖啡知识；
- ●如何充满热情地将咖啡知识与其他人分享；
- ●一般的家务活动，基本的和超级的客户服务；
- ●星巴克为什么就是最好的；
- ●关于咖啡豆、咖啡类型、混合、生长地、烘烤、配送、包装等细节；
- ●如何用正确的方法闻咖啡和品咖啡，以及舌头的哪个部位对它最敏感；

● 描述咖啡的味道——唤醒人的知觉并使用一套全新词汇，熟悉咖啡的芳香、酸度、观感和滋味；

● 迅速地回答客人所提出的问题并谈论咖啡。

星巴克在工作培训中付出了极大的努力，在新店开业前，新的合作者的朋友及家人都要在即将开业的那个星期，参加一个特殊的开业前聚会或典礼，其目的就是要在大门最终向公众敞开之前训练这个团队，使他们能够切实地体验并熟知其"精髓"。在这之后，接下来就是对新店所在地的慈善机构进行捐赠。这一天，合作者们要酿造咖啡样品，并与其他的合作者和消费者进行探讨，这有助于让合作者和消费者都了解更多关于咖啡的知识，了解星巴克所提供的咖啡的与众不同。

"如果说我在星巴克取得了什么最令我骄傲的成就，那就是我们与公司的工作人员共同建立起来的自信和相互信任的关系。"

豆股权

1991年，星巴克推出了"咖啡豆股"，这是一个广为传播的雄心勃勃的股权计划，其基本思想是，将每一个合作者都与公司的整体运作紧密地联系起来，使每一个合作者都以相同的态度，以公司首席执行官或其他股东的身份投入工作。能够准予获得这种豆股的条件是，合作者的聘用时间必须是从4月1日起到该财政年度末，在此期间的工作时间至少为500个小时，即平均每周工作20个小时，而且在给予豆股以后的元月份仍被继续雇用。我们来计算一下其中的价值含量，1991年一年挣2万美元的合作者，5年以后，仅他1991年分得的股权就可以拿到5万多美元现金！既然星巴克的合作者之间的约定如此明确，舒尔茨将公司成功的绝大部分原因归

功于其独特的合作关系就不足为奇了:

"如果说我在星巴克取得了什么最令我骄傲的成就,那就是我们与公司的工作人员共同建立起来的自信和相互信任的关系。"

案例要点

最有力和最持久的品牌是通过新的沟通建立的:它们才是真正的品牌,是经久不衰的品牌。它们的基石是牢固的,因为它们建立在人类精神力量的基础之上,而不是广告大战的结果。星巴克从来不以传统的方式建立它的品牌,它的目标是塑造一个伟大的公司,一个具有代表性的公司,一个以其产品的可靠性和其员工的热情为价值的公司。在早期,公司忙于销售咖啡、开店、培训员工、传授烘烤咖啡的知识,而从来没有太多地考虑过品牌战略。舒尔茨说:"我们用我们的人建立星巴克品牌,而不是用消费者。"这说明广告为什么不能成为星巴克的推动器。1987年到1997年间,公司花费在广告上的支出不到1000万美元,在有些年份,更多的资金投在了员工培训而非广告上。

虽然在咖啡领域没有获得像麦当劳那样的认知程度,但"第三代星巴克"理念的提出却成为一个成功的零售企业的缩影。星巴克具有了更深、更广的意义,那是一个关于价值的理念,按照我们的说法,星巴克是一种精神。充分挖掘星巴克所具有的潜力,就几乎等同于开发和扩充人在星巴克中的价值。

将品牌赋予人是十分冒险的,这远比运作大量稠密的广告战要危险得多,因为广告信息都在你的掌握和控制之中。然而,如果能够真正地保证人们愿意和勇于承担责任,并了解和接受品牌传输的理由和途径,那么风险就能转化为一种宝贵的资产。

人人都可以接受教育

星巴克的故事很有意义,因为它告诉我们如何通过教育为产品增加更多的价值;而在麦当劳的经验中,它的员工通常来自受教育程度较低的阶层。你或许认为应该从受教育程度较低的人开始,因为他们更容易按照你的意图和想法得到培训,从而有所改进。但相反,当大国际化公司面临在组织领导者和中层管理者之间创造和谐性与统一性的挑战时,它们却通常更倾向于雇用受教育程度较高的人。然而,通常正是这些受教育水平较高的人,才拥有远大的抱负,并具有强烈的自我实现意识。如果说成功的公司会吸引有能力、有志向的人,那是十分荒谬的——这类人往往会对公司的生存造成巨大的威胁,以公司文化来影响和带动他们是十分重要的。而且,公司的目标必须足够大,以得到每一个人的认同和拥护,因为只有有需要、完全的责任感和承诺的履行意识才能够被创造出来。

IBM是以招募受教育程度较高的人员为特征的典型例子,公司同时还提供大量的"培训",传播IBM的精神和信仰。通过不断挖掘内部丰富的培训资源,IBM在它的工作中更加关注"好想法",这是B to B型市场中成功公司致力于解决消费者问题很典型的做法。通过知

星巴克通过邮寄和互联网,在其零售店里销售不同种类的阿拉伯咖啡豆及其他商品。

识和教育，你能够以一种稳固和坚定的公司精神来运作公司。

培训出来的责任

以私人消费者为目标的国际化公司通常比较简单，在产品销售过程中很少需要丰富的知识，但这并不意味着教育和培训对于组织来说就无足轻重；相反，尽管专业人员可能会自然地倾向于培训，但如果缺乏足够的知识，同样的理念并不会传输到产品之中。如果忽视了教育，其结果则必将是公司责任感的缺乏，没有任何精神是可以仅仅因为存在而长久的，它是不能自生的。

对员工提出要求并对他们进行严格培训的公司，同样也是那些其组织由于品牌而赢得最高荣誉和声誉的公司。围绕品牌所建立起来的一切都并非偶然，麦当劳相当精于此道，也正是因为如此，它将培训变为了一种核心资源。

案例研究

奥利·美臣的教育培训

如果不首先接受麦当劳关于汉堡精神的教育和培训，谁也别想成为它的特许经销商。这是奥利·美臣深入麦当劳体系后的感受。

奥利·美臣拥有麦当劳在丹麦哥本哈根主要火车站的特许经营权，在他最终得到许可并签合同之前，他自己的餐厅开业的过程可谓是培训、培训以及更多的培训，而此后，还是更多的培训。奥利·美臣的经历极具代表性地反映了麦当劳精神通过它的餐厅得以传播的渠道和方式，如果你不认可麦当劳的方式，你就不可能得到组织的认可和支持——更不用说得到其一家餐厅的经营权。

奥利·美臣在他的麦当劳特许店前。

申请程序

奥利·美臣最初向位于丹麦的麦当劳公司提交了申请书,在申请书中,他对自己进行了介绍,并表明了他想成为特许经营商的愿望。那时他40岁,恰好是特许经营商相当合适的年龄,大多数新的特许经营商都是在30岁到40岁之间,这样才基本能够保证其与麦当劳的合同持续20年。

奥利·美臣与公司顾问的洽商进行得十分愉快和顺利,因此他很快就进入了下一个程序的申办——在一个已有的餐厅里接受为期五天的培训。在这里,他与其他的员工以同样的工作条件一起工作,烤制汉堡、站收银台、擦地板等,这五天是十分关键的五天,它将决定筛选的最终结果。一方面,申请人可以由此发现这一行对他或她来说是否适合,而另一方面,麦当劳能够判断该申请人是否具有与年轻人沟通和交流的能力。如果五天后的印象仍然很好,申请人就可以再继续进入下一个程序,接受更进一步的教育。应该指明的是，这大约要持续一年到一年半的时间，而在此期间，申请人没有任何薪酬。这项教育的原则和宗旨是，即将成为特许经营商的人，都必须了解公司，了解公司从上到下的运作和程序，申请人因此首先应该以普通员工的身份在现有的餐厅里工作和锻炼，这一年到一年半的时间具体取决于申请人的情况，直到具有了开办一家餐厅的可能性时，这种培训才可以结束。除此之外，申请人还要参加三门各为期一周的课程，科目范围从基本服务到商业经济和管理，最后还必须通过考试，如果一切进展顺利，申请人方可被授予开办餐厅的权利。奥利·美臣通过了考试，而极其幸运的是，他只工作了六个月就成功地获得了特许经营权。

在餐厅开业之前，与其他即将成为特许经营商的人一样，奥利·美臣被派往位于芝加哥的汉堡大学，参加为期两周的"继教育课程"，在那里所接受的教育和培训，是在本土国家已经接受的培训的延续，包括团队建设和管理实践，以及其他更多、更丰富的内容。学生自己支付交通费和食宿费——只有培训费由母公司负担。通常，该培训结束时他们也必须通过考试。

在店内

在餐厅开业前，员工招募完毕并开始工作，全日制员工在餐厅开业前1个月就开始工作，而兼职员工则在开业前14天开始工作，这段时间你猜猜他们用来干什么？还是培训！这些培训在已经开业的餐厅里进行。

在开始工作之前，新员工都会收到一本手册，手册里对餐厅的卫生有具体的规定和要求，并要求手和指甲必须干净，与制服相配的鞋子必须是合成橡胶底，必须擦亮，跑鞋、凉鞋或便鞋是绝对禁止穿的，男员工必须留短发（要求在衣服领子以上），脸必须刮干净，而留长发的女员工则必须将头发扎起来。

这些对餐厅日常工作和细节的严格控制构成了著名的麦当劳的圣经（麦当劳的运作和培训），它阐明了生意是如何开展的。虽然这个以卖汉堡包为主的公司成功的真实原因是一个商业秘密，但众所周知，它建立在麦当劳称之为Q.S.C.（质量、服务和干净）的基础之上。

　　公司手册的绝大部分是关于麦当劳产品的制造过程的详细说明，这里需要多少芥末，那里需要多少黄瓜条，以及如何避免触碰炸薯条等，不管你看到哪里，都会发现持续不断地对卫生严格要求的提醒。

　　同样，为消费者服务的过程也被系统化到最细微的细节。汉堡必须在烤制出来10分钟之内（炸薯条是7分钟）送到顾客手中，否则就要扔掉。麦当劳有一套独创的系统，新烤制出来的汉堡都放在候送线上，并标有一个与麦当劳的时钟时刻相一致的号码，这样，员工们就能够很轻易地辨别出食物什么时候应该废弃。在厨房里设有秒表，每当某些特定原料（沙拉、调味品等）超过保鲜期时，秒表就会嘟嘟叫。

　　总部经常不断地对特许经营商的经营状况进行检查，特许经营商每年都必须进行业绩汇报，这实际上是与来自组织总部的人员进行交谈，一般都由一个来自服务部的人和一个来自财务部的人构成。为了保证特许经营商在开始所学到的知识没有随时间流逝而淡忘，他们每五年都必须再接受一次"继续教育课程"的培训。

　　由于这一系列持续不断的员工培训，事业开拓的可能性相对就大得多，事业的发展轨迹从来都没有出过偏差，而是在不断地前进着。从一名普通的员工，你可成为一位部门经理，负责厨房收银；然后，你还可以被提升为经理，负责安排白班和夜班的倒班，与此同时，你还将被赋予其他方面的权利；最后，你还可能成为餐厅主管，传授你在汉堡大学所学到的必要的知识。总之，你的职位和地位越高，你所需要的培训就越多，这是保证成功的公司向世界传播其精神并得到永久崇拜的惟一出路。

> **案例要点**
>
> 教育以及细致到最后一根洋葱丝的系统化，在组织内能够创造出惊人的责任感和行动的实践意识。著名的汉堡大学只是麦当劳要求其员工参与的众多教育和培训活动中的一小部分，特许经营商非但没有特别的待遇，相反，为了达到要求，他们必须接受永无止境的培训和测试。只有那些具有"正确"的价值观的人，才能够参加麦当劳的培训，而这样的结果是成功地培育起了公司最有价值的资产——它的品牌。

拿什么支撑你的信仰？

如果说教育是规范精神的一个很重要的激励因素，那么愿景目标也同样重要，失去愿景目标的支撑，精神不可能存在。愿景目标是公司员工始终坚持并为之而努力探索的目标。麦当劳的每一个员工都知道，他或她是每一天都有新店开业的世界最大的汉堡连锁店的一部分。对于微软也是一样，统帅整个商业领域的愿景目标控制着公司的运作，消费者心目中的比尔·盖茨是能够对未来作出最准确预测的人，因为到目前，他在信息技术的整个发展过程中仍然起着至关重要的决定性作用。今天，比尔·盖茨拥有IBM在10年到15年前所拥有的地位，他的员工们能够在国家的新闻报纸和商业贸易期刊等媒体上看到有关公司的各种报道，能够了解公司的使命并为此而感到骄傲，他借此而影响和控制着公司。由于比尔·盖茨能够与所有的人进行对话和沟通，媒体宣传就成了公司精神的一部分，媒体在保证员工的责任承担方面起着十分积极的作用。

公司精神的运作过程会涉及很多因素，但在大多数情况下，你能够很容易地辨别出能够真正在组织内创造出责任感的因素。对耐克来说，是赞助产生了责任；而对美国有线电视新闻网来说，是成为世界新闻先导的目标创造了责任，员工们能够与他们经常收看美国有线电视新闻网的亲朋好友们一起分享它伟大的志向和崇高的目标，该公司还总是依赖在现场报道的基础上创造出商标效应，当世界的其他地方发生什么事件时，它仍然能够为本国带回最好的新闻资料。

看以下几个条件：

1. 公司具有一个明确的愿景目标。
2. 公司具有能够创造出责任的体系。
3. 与消费者和公司的关系有关的一切都在组织内通过教育和培训得以传播。
4. 高层管理者在其体系中全方位、多渠道地传递其公司精神，使人人都目标明确地清楚前进和努力的方向。

那么，哪个是前提呢？公司精神还是责任承诺？有人或许认为，一旦形成了公司精神，责任就会随之而来，这或许适用于像耐克这样的公司，甚至全世界的电视屏幕都在组织的全部视线范围之内。但是，对于大多数公司来说，即使它们可能已经有了国际化组织内的公司精神，但它们的成功仍然取决于在每一个市场的每一个组成部分中责任的承担和承诺的履行。

第一批基督教信徒很早就意识到，如果要想赢得皈依者并传播自己的言论和信仰，他们就必须将其置入一种体制之中，他们借助于圣经和对某些特定事件的强烈信仰创造出了责任，手中掌握了这些武器，他们发觉自己几乎可以随心所欲地实现任何目标，他们的触角可以无所不至。

行动起来吧！

我们已经看到了责任在一个以公司精神为基石的公司中所起的作

用,但是,管理者如何能够保证行动与语言的一致呢?

行动实施的保证在于:

1. 确定完成使命所需要的目标群体。
2. 将公司理念传输到市场。
3. 以正确的方式推广品牌。
4. 采取正确的销售策略。
5. 提供恰当的服务。
6. 以正确的方式对组织成员进行教育。
7. 以正确的方式"教育"市场。
8. 确保目标群体对品牌运作的认知和满意。

为了确保履行责任的行动能够在每一个独立的市场上真正展开,对国际化公司的组织状况提出了很多的要求。在下一章,我会详细论述如何通过教育、营销和分析系统追踪目标群体、检查结果以及搜集必要的产品开发信息和资料。我对这一点十分清楚:传统组织结构的国际化公司很难承担如此重要的责任,而这也正是大多数这样的公司为什么无法按它们自己的意愿发展的主要原因,只有当角色明晰、物流配送力量雄厚的真正的国际化组织建立起来之后,它们才能有效地维持它们的地位。

在本书中,我们已经多次提到麦当劳,而每次的提及都有它充足的理由和原因。汉堡的连锁经营是关于塑造为其所宣扬的公司理念和所确定的使命而统一行动的同一化公司的闪亮的例子。

尽管如此,与可口可乐相比,作为消费者心目中的一种公司精神形象,麦当劳还远不如它。在麦当劳的表现方式中,这个汉堡帝国根据各个不同的独立市场做了很多的调整和适应方面的工作,而可口可乐公司却从来不将其行动的权利转交给其他市场,品牌的主要沟通和传递都受到位于亚特兰大的总部的控制,其行动的实施是完全一致的。我对可口可乐印象最深的是,它对有关其公司理念的一切都保持着中心化控制——它不是靠资本投资来无止境地建立新厂和配送网络,而是投入可感知的资源来实现公司理念的巩固。

由于以建立坚实而稳固的软饮品牌为核心目标，可口可乐公司仅拥有3.3万名员工，从国际可乐市场上讲，可口可乐目前占有46％的市场份额，而百事可乐的市场份额为21％。就国内市场而言，这里一直以来都是这两家巨人型公司激烈争夺的对象和它们的主要战场，目前的份额比例以可口可乐占上风，为42％对31％。

在《财富》杂志对可乐大战的回顾中，关于可口可乐公司神秘的配方无疑是："可口可乐的配方是一个真正的秘密，这是高级管理者对其核心价值的倾情奉献，他们的工作浓缩成几种精华：品牌的建设者、商业经纪人、股票经纪人以及核心销售人员。"

可口可乐公司仍然使用国内的装瓶商和分销商，它并没有将资金用于厂房建设的砖石瓦块和车辆增置上，相反，它将所有可获得的资源都投资于品牌的宣传和强化，它选择了特许经营，并以此为基础实现了遍及全世界的相同的配送方式。通过这种有效的投资渠道，公司创造出了责任并关注将其付诸行动的整个实施过程。在每一个国家，可口可乐都设有它自己的协调办事处，只配有少量的传播公司精神并采取和实施必要行动的人员。可口可乐确实拥有一个十分清楚而明确的市场组织，它对公司精神负责，运用营销和全部的物流配送体系，建立起自己的可乐精神并成为市场的先锋。

可口可乐公司不是投资于工厂建设和配送体系，而是投资于其使命的履行，生产和装瓶都在当地完成，但使命的传播与延伸却绝不移交，由当地办事处负责实施核心化战略。

公司的使命是如此突出和强大，以至于每一个人都能为此目标而投入，却绝不会在无谓的争论上浪费时间。角色定位清晰，权力分配正确，他们的时间和精力投入在了文化建设之中。

今天，重大的世界体育赛事都对这一信仰保持着极大的热情，可口可乐在赞助上所投入的资金或许至少与它在营销上所投入的一样，这一行

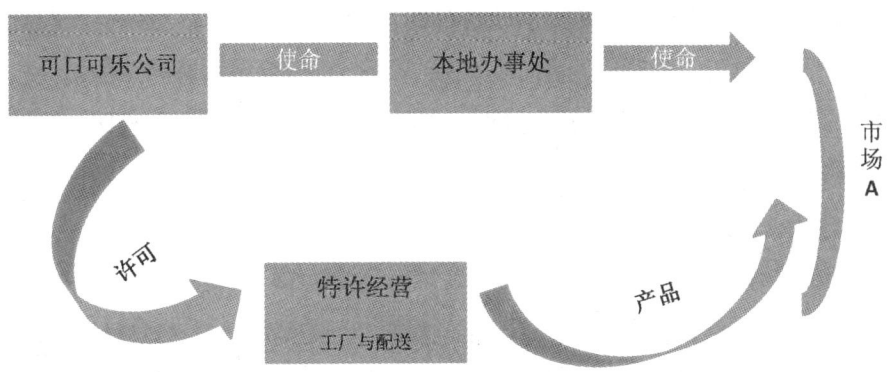

图5-1 可口可乐的使命延伸

为将该软饮的可靠形象提升到了很高的程度，使之成了大型世界舞台上一个高度可见的组成部分。如果巨星们想以可乐来平息他们在奥林匹克运动会上干渴的火焰，那还能有什么更好的选择呢？

可口可乐公司以参与和服务的形式保证了消费者能够获取最优的产品，而在此方面与它做得一样好的另外一个公司就是丰田公司。马自达、本田、尼桑、三菱和丰田从1991年就开始对所有市场上消费者对汽车品牌的满意程度进行分析和调查。在每一个市场上，不仅涉及公司自己的消费者，也涉及最大竞争对手的消费者，调查结果显示，随着时间的推移，所有日本公司在所测量的各项标准上都有显著的提高。

案例研究

丰田是不是日本的飞去来器？

日本的五大汽车生产商每年对自己及其竞争对手的消费者满意度（CS）进行调查——而丰田却通过直接与公司的消费者进行对话，向前又迈进了一步。公司受一个带有飞去来器象征的"消费者满意"制度的监控

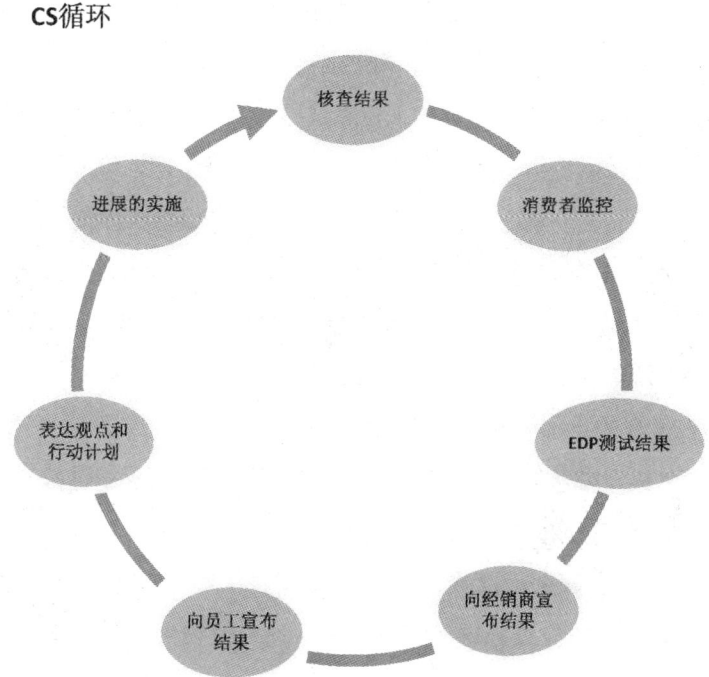

和督导，为什么要选择飞去来器做象征呢？因为如果能够以正确的方式将其发送出去，那么它还会回来——就像一个对你感到满意的消费者一样。

"消费者满意"制度在丹麦

由于并不仅仅满足于这些衡量的办法和手段，因此，丰田公司又向前迈进了一步。尤其是在过去的十年间，丰田公司以目标导向型模式来提高它的产品质量，并在它所在的商业领域中获得了很高的消费者满意度。

汽车生产和销售背后的服务比汽车本身更重要，这是丰田所推行的"消费者满意"制度所包含的信条和哲理。丰田认为，汽车是核心产品，其质量必须得到保证和重视，而质量来自经销商所能够提供的服务的氛围。

公司将对消费者满意程度的衡量放置于它的整个系统之中的事实能够通过一个自然的发展过程得以反映。

丰田公司总是亲自与所有的消费者进行交谈，询问他们对自己的选择是否满意，这也被列为消费者满意系统之一（往往被亲切地称为CS），其效果是十分积极的，它有助于公司的提高和发展。这些连续不断的CS测评在所有的市场上都同时展开，每一个市场都遵循同一个基本原则，但其完善程度却有所不同。在此方面表现得最出色的几个国家之一就是丹麦，它在1963年成为第一个欧洲市场上的丰田汽车进口国。

设在丹麦的丰田公司拥有2500名员工，他们被分派在100个不同的经销商或主要的进口办事处工作，公司有两个主要目标：实现销量第一，并达到最高的消费者满意度。

如果以销售量来衡量的话，丰田在丹麦从1985年到1995年的11年间一直占据着第一的位置，1996年，其第一的地位被大众公司所取代。但尽管如此，从消费者满意度方面看，丹麦却从1991年首次实行衡量制度以来一直保持着领先的地位。

CS测评制度中设有公司教育主管这一职位，这个职位具有与公司的销售和营销主管同等的待遇和地位，可以鲜明地反映出消费者满意制度和程序在组织内得到多么严格和认真的执行，他们都直接向高层进行汇报。

在CS制度开始运行之初，每一个人都被告知，这不是一个权宜之计——它将永久存在下去。最初，这在经销商和员工中间引起了强烈的不满和愤恨情绪——因为他们将要直接面对消费者，面对他们的品评，而这种反映也并不足为奇，要知道谁也不愿意被监督。

然而，该制度的实施被证明是相当成功的，它是对那些为向所有涉及的人清楚而正确地解释该观点而付出了大量心血和努力的管理者们的极大支持。如果不是这个成功的证明，管理者们或许还要继续他们辛苦的游说工作，如为了说明整个过程的意义及其背后所隐含的思想，他们必须与各个经销商单独开会。当一切已经变得很清楚的时候，这种测评制度并非一种被动的监督，而是可以积极地应用于组织改进的工具和渠道，是可以使整个组织整体获益的方法，阻力最终被克服。除了CS分析之外，教育主管还负责一些以态度和观念培养为目的的非技术性教育和培训，这种培训和教育计划在很大程度上取决于由CS分析所得到的结果。

追踪乘坐者

每一个购买了一辆新的丰田车的消费者，在其购买的21天之后，都会收到一份来自丹麦总部的问卷，该问卷包括25个问题，涉及销售过程、经销商的设施、汽车的运送以及有关汽车本身的问题，典型的问题一般如："你对销售人员的态度有何评价？"答卷人只需在给出的五个选择中挑选一个进行标注，或者如果他们已经记不得3个星期以前的经历和感受则可以回答"不知道"，所有问题的备选答案都是以同样的方式分类给出的。

那些在一年之内将其所购买的丰田车开进修理厂更换零配件、要求提供某项服务或进行维修的消费者，也将收到一份问卷，实际上，这种追踪针对任何人，新的问卷目的在于了解消费者对售后服务的印象和评价，该问卷的结构设置与前面提到的问卷几乎完全一样，并且也是从总部直接发送的。1996年，第一份问卷的回复率为57%，第二份问卷的回复率为38%，第二份问卷的回复率之所以下降的原因或许是因为对其发送的延误，公司因此在进行改进。

这些测评的作用是什么

所有回复的处理都由中心的EDP部门负责，其分析结果用雷达探测器式的图表进行公布，每一个经销商的情况每3个月更新一次。

这种公布方式使经销商和员工能够迅速地知晓他们在每一个指标和每一个方面上的运作情况。

在编制好的图表上，既可以按照国家进行对比，也可以比照分析一个国家不同地区经销商的状况（以丹麦为例，它被分成了7个不同的地理区域）。在此基础上，根据图表上所反映出来的各个细分单位和市场，制定出具体的行动计划，针对薄弱的方面进行改进。

销售人员的地位

经销商并不仅仅以集体的方式接受评价，而且还包括对各个销售人员的个人评价，每一个销售人员都将按照消费者对其评价进行打分。正如常见的通行做法，丹麦丰田公司不断地开展销售竞赛，而CS评估以其正负或加减的变化构成了这些竞争中的一部分。较差的打分和等级评定带给员工的无疑是处罚，有些经销商还享有与其评估结果挂钩的薪金收入，但更加普遍的还是根据CS评估结果而分发的集体奖金。

靠谱的奖励

丰田公司有意识地将这些结果在公司内有形化，公布栏公布最新的评定结果，供经销商、员工和消费者观阅。可见度是激励经销商并使其成为这一改进过程中的一员的重要条件，丰田公司以飞去来器为标志设置的CS系统正是出于这种考虑：如果将其以正确的方式发送出去，它将还会回来——就像一个对你感到满意的消费者一样。为了使经销商所获得的骄傲的成功业绩以显性、可见的方式反映出来，公司以金、银和铜的飞去来器作为奖励。

消费者问卷中的答案按照一个固定的打分标准进行打分：优秀(100)、很好(80)、好(50)、不够好(0)以及差(-50)，每两年合计一次，并按照以下的标准颁发飞去来器：

在一个经销商首次得到"金"棒时，所有相关的员工都将收到一份私人的小礼物，如手表或者交叉笔架。

国际化探寻

负责每一个国家CS测评的人，还要负责将这一测评结果通过国际化体系进行传输。欧洲进口商们每三个月要将他们的测评结果报告给设在布鲁塞尔的欧洲总部，最重要的结果则要传递给所有的进口商，使他们能够将自己与他人进行比较，这种交流在每年一次的各个市场上的CS负责人参与的为期两到三天的经验交流会上进行。最后，结果将报送到日本，在那里，消费者所回馈的信息将影响到产品开发。

案例要点

丰田公司有效地使其对消费者满意度的测评系统化，辅之以对竞争对手的消费者满意度的分析，这个日本的汽车制造商掌握了各种情况真实而完整的资料。测评与衡量并不仅仅是一种被动的监督，而是用以在组织内实施行动的有效途径，评价内容和系统的改进与提高永无止境。CS被给予了高度的重视并享有较高的地位——控制CS系统的部门被认为是整个丰田公司内最重要的部门。

谁告诉你计划没用？

保证行动实施的最佳方法之一，就是衡量市场上的销售和营销效果。当你对公司所付出的努力进行衡量时，你会明确自己在目标市场的地位如何。认识这一点，对于获得你所期望的市场地位十分重要，而且，当你考虑新产品开发时，这一点更有意义，因为你从市场上所获取的信息正来自于你将来要应对的群体。

能够按照既定的计划开展工作的公司实在是太少。有时候母公司认为它所安排的行动已经得到实施，而实际上根本没有，那么这样的状况下母公司与分公司或子公司之间的偏差就会越来越大。有些国际化公司仍然保留着母公司与销售公司作为两个各自独立的公司而相互脱离的传统结构，对这些公司的研究和分析显示，总部所规划的行动的20%到30%能够被按计划得到执行都是很不寻常的了，这导致了大量的资金和资源的浪费，而更加严重和复杂的是，母公司认为它所收到的市场信息是一码事，而真正的实际状况却完全是另外一码事。

在传统的国际化公司中，产品生产往往在营销开始之前完成，这会引发一系列严重的问题。主要的问题是，产品开发往往是难以预测的，而且，产品开发通常是隐秘地进行，以避开竞争对手探询的目光。不管这种探测是真实存在的还是主观臆想的，都会导致无论是营销还是销售准备都没有充裕

> 如果你想取得市场行为中行动的控制权，你就必须制定一个长期计划，以保证充分的市场筹备和各项培训和教育的到位。

的时间，因为新产品只有在最后一刻才揭开面纱。因此，计划的效果就会被大大削弱，而新产品成功与否则完全交给了市场，取决于消费者对这一新产品和新观念的好恶。在这样一种情况下，你或许也已经将营销计划抛置一边。这是最坏的情况吗？是的，而且是在大多数国际化公司中发生最多的情况。

如果你想取得市场行为中行动的控制权，你就必须制定一个长期计划，以保证充分的市场筹备和各项培训和教育的到位。只有做到这一点，你才能够对任何可能发生的竞争进行正确的部署；而如果你不能很好地抓住这一点，等待你的必将是灭亡，任何事后的补救措施都不可能使你再重新回到正轨。还有，一定要警惕那些并不想参与新的竞争的公司，因为它们满足于对旧有产品的维系，它们会对你的退出感激不尽。惟一重要的是消费者以及使用者的意见和看法，其他任何人的观点都无关紧要。

最困难的是将控制机制引入产品开发和营销投入之中，因为这样，计划部门就能够在新的教育规划下制定出新的计划和发展新的理念，并在各个分支机构中执行和传播。

处于发展的前沿并对国际化公司进行最优化控制不是一朝一夕就可以完成的简单过程，尽管它有时看起来可能十分容易，就像耐克、微软或美体小铺。但是，它们为了能够永远保持领先的地位并使其市场地位最优化，却付出了艰辛的努力。

如果你已经具备了这种意识，那么你就能够利用公司精神来控制和管理你的公司，并以强大的爆发力实现公司的增长。困难之处在于将这种精神根植于整个组织内所有人的头脑里和心目中，而不只是某个领导的事情。这种精神必须以一种在其最初创始人退休或离去后仍然能够得到长期延续和持久的方式形成。

可口可乐公司是这种延续的最佳范例，它是在共同的信仰和观念的基础上发展起来。成功的国际化公司通常在很长时间内拥有同一个领导人，但也有一些领导人成功地延续和完善公司精神的例子。对于微软、美体小铺和耐克的这些"后来人"来讲，由于这些公司已经拥有了创造国际化超级品牌的历史，因此他们的任务就是要将第一代领导人所创建和推动的这一公司精神转换为一种永久的公司文化，这就意味着要建立和发展一种体系，以保证公司所拥有的公司精神能够不断得到更新和强化。这将是极其困难且要求极高的，但也是非常值得的。

第6章
组织的变革

重新团结消费者
国际化更需要同一化
对分公司进行削藩
调整的不仅仅是理念
凝聚力也是王道
新型组织化思维

如果一个国家的精神已经开始摇摇欲坠,那么其他的事情也必将如此。

——弗里德里希·冯·席勒

对公司精神概念的引入将会对公司的组织状况产生一系列的影响，并将对其未来有一些隐含和暗示。本章将对这些因素进行进一步的挖掘和分析，并将就未来的组织结构提出一些建议。

　　组织只是一种实现目标的手段，而如果没有这种手段，组织的目标将会被遮掩，因而前途迷茫。

　　长期来看，如果公司不变得稳固和统一起来，达到没有人对权力中心的归属产生怀疑和不满的状态，那么它将最终迷失。

　　在公司从一个国内组织发展为国际化组织的过程中，大多数公司并没有同时改变它们的组织结构，而仍然一如既往地按照以前的方式运行，并使分公司或子公司成为其小型翻版。这其中的根本问题是，这些公司一直以来就没有意识到，在国际化经营的条件下，它们首先应当解决的问题是组织变更。

　　大多数国际化公司被它们的组织分割开来，在母公司和分支机构形成独立的权力中心，从而导致了公司向着一个虚无缥缈的方向上盲目摸索，那些糟糕的管理者忽视了将国际化公司调整为真正具有国际化结构。公司从此变得负担沉重，变得行动迟缓，变得反应迟钝，变得无利可图，有的公司之所以能够生存，不是它真的很强大，只因为竞争对手也处于同样的状态。

　　在混乱而动荡的世界里，品牌却必须永远是一致的，国际化公司则必须相应地对组织进行调整。每一个消费者都试图寻求能够持久的东西，而具有一致性的品牌正是包含着消费者所寻觅和盼望的安全感和可靠性。创造一致性品牌的必要条件是，组织本身也必须是一致和统一的。

重新团结消费者

正如我们在前面所分析和讨论的，公司必须建立一套系统，以对其目标群体进行跟踪和监控，因为这才能保证信息直接流向公司的神经中枢，如果信息是可靠的，那么它们就可以用于新产品开发，用于对营销业绩进行评估，用于对品牌的市场地位进行判断，并用于为新的营销活动做计划。但是，只有当公司的组织结构主动地获取这些信息，而不是信息自己不期而至时，它的这些作用才可以发挥，也才是有效的。

公司内部的知识交流建立在内向型基础之上。关于市场动向如何以及目标消费群体对公司所生产的产品反应如何等大量信息都来自于分支机构。这些信息在多大程度上有效，则取决于分支机构采撷的这些信息的优劣以及在／向上传输时是否加入主观筛选等因素。因此，关于信息如何搜集以及如何处理，必须有明确而严格的规定和要求——否则它将导致灾难。

专业化市场中的公司有这样一种倾向：它们往往将自己的命运交由销售人员掌握，这完全是一个错误，因为销售人员只是与购买者打交道，却全然不能成为购买行为背后的决策者。

成功的国际化公司常常具有直接或直接外向型的持续的监督体系，较小的公司或许也会开展一些市场调查，但却往往是零零碎碎的。

你首先必须澄清这一点：大多数信息的搜集是在销售人员亲自观察的基础上完生的，此后，你才可以更进一步地深入信息采集系统中去，否则将意味着灾难。

信息的传递必须经过多个环节的主观筛选，而每一个环节上都会带有个人利益的成分，他们会因此而感觉到自己的责任和义务，而这是为

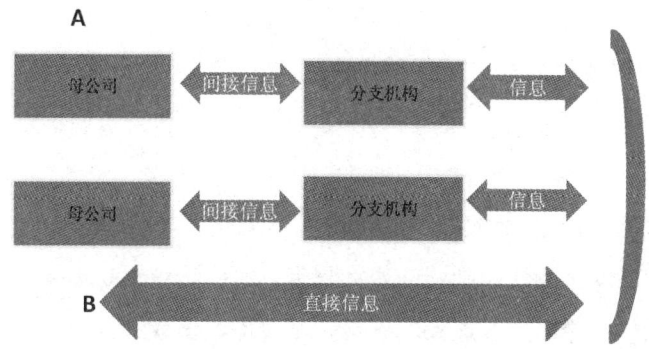

图6-1 直接的信息流

什么呢？因为分公司或子公司在销售行为上是受到控制的，正是借助于这些敏锐的眼睛，他们才看到了一切。更值得一提的是，由于一个大型分支机构在整个国际化组织内拥有和掌握这样的权力，你可以更有效地找到处理其与母公司之间的冲突和矛盾的良方。然而，麻烦与形势恶化也会随着分支机构数量的增加而出现。因为如果拥有不止一个分支机构，母公司除了要接收来自一个分支机构的信息，还必须利用其他分支机构所提供的信息，而问题也由此产生。分支机构的数量和规模越大，产生的问题便越多。有许多分支机构扮演着中型公司的角色，并发挥着具有充分的人力供给和强烈的自我维护意识的中型公司的职能，从博士一直到最年轻的销售人员，每个人都在做着他们认为是正确的事情，他们的努力通常与总体的"品牌政策"并不完全相符。

市场调整理论和动机理论认为，分公司或子公司必须拥有最大可能的自由空间和充分的活动范围。

如果每个人做什么以及如何做都符合公司的理念和精神，那么公司就处于一个非常理想的状态。但是，情况却很少如此。市场调整理论和动机理论认为，分公司或子公司必须拥有最大可能的自由空间和充分的活动范围，而认可和信赖这一理论的国际化公司将会在全球竞争中惨遭淘汰。

正如我前面所提到的，品牌的非物质价值和情感价值才是能够充分扩展和完善的，而产品本身的作用则渐渐变得越来越小，这也正是需要拥有对一切的整体控制权的原因，在这条发展链中尽可能走得最远，否则，它将成为分支机构在危险的境地中勉强维持的品牌生命。

在消费者／使用者的信息聚合与权力中心之间必须建立一种直接的关联，而且，这样的权力中心还必须保证它的战略和营销能够以同样的直接性充分而全面地传输给消费者／使用者。这听起来很简单，但实际却不然，分公司或子公司的权力壁垒，以及它们关于自己该做什么和如何去做的偏好和倾向显示出明显而巨大的障碍。

国际化更需要同一化

多重权力中心只能带来分裂，权力中心必须由多重压缩为单一。当公司拥有两三个同样重要的分支机构时，工作和任务的重要性就会成倍地增加。没有人能够自然地具有回避危险的能力，美国和日本，它们虽然拥有优势明显的庞大的国内市场，但我们却仍然看到了势力强大的IBM公司被分裂成几个区域化中心的事实。

同一性的实现是一个极大的挑战，如果公司只是在国内市场上经营，那么从公司高层到组织底层的距离，以及到消费者的距离通常就比较短，足以使所要传递的信息和信号在原样不变的情况下得以完成。但尽管说起来如此，你却很容易见到很多在跨越国界时便丧失对公司控制权的国

图6-2 塑造国际化公司的同一性

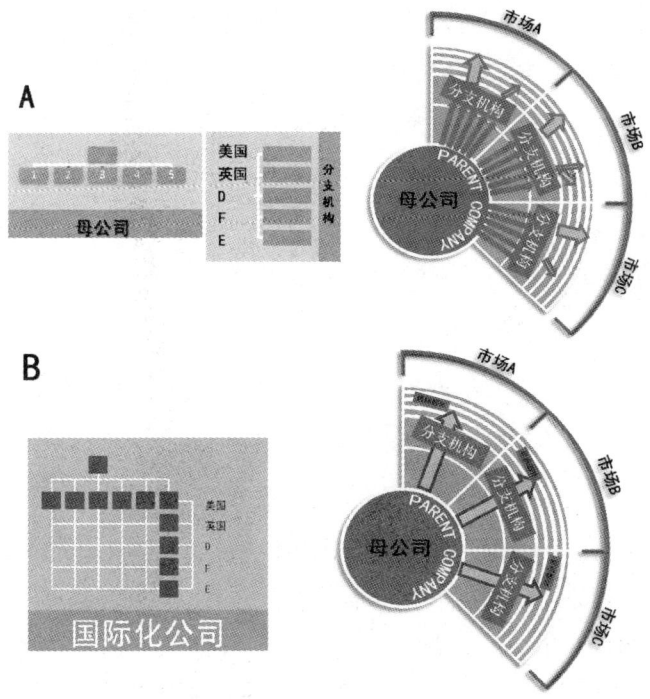

内公司的例子,这就像一个无形的边界限制,它让营销无法逾越。

国际化公司必须进行重组,这样才能实现市场上的有效运作。图A反映了以非同一化方式运行的状况,此时的分支机构相对于母公司来说是高度自治的。相比之下,当分支机构的控制权又回到母公司手中时,则是一个安全而稳定的状态,公司及其品牌都将在各处实现同一化。

在商业世界的演进和发展过程中,各个独立国家掌握对其自己的控制权已经被认为是一个有益的原则,因为或许只有母国才最了解自己的本土市场。但是,当目标市场扩展为全球化时,在本土层

> 国际化公司必须进行重组,这样才能实现市场上的有效运作。

第6章 组织的变革

面上的整个管理和控制就对动态化发展的国际化公司提出了更高的要求并施加了更大的驱动力。

毫无疑问，市场调整——按照传统的理解——将它的作用发挥得淋漓尽致，而目前，在权力斗争十分激烈的公司内却存在着障碍。

每个人都能看得出症结所在，但似乎却没人知道究竟该如何去治疗和处理——或者是没人对寻找解决办法真正感兴趣，分公司或子公司必须放弃它们全部的控制权，而高层管理者必须开始其对公司的领导。

解决办法或许是更好的协调，或者更深入的中心化控制和责任管理。通常，高级管理者担心会与分支机构形成相反和对抗的局面，担心如果事态进展不够顺利而使母公司受到无休止的责难。然而，如果仍然继续采用目前的旧有模式，情况照样会恶化。公司只有发现核心并遵从核心，才能够使其地位得到巩固。高层管理者之所以会按照他们的方式作出反应，是因为他们已经接受了目前的状态，接受了分支机构掌握所有市场信息的事实。在新型的同一化跨国公司内，拥有所有这些信息的是母公司，这增加了成功的机会，因为传统的分支机构层面上消费者的信息往往因此就丧失了许多利用价值。

未来的组织结构将比我们今天所了解的要简单得多，组织主要由一个负责信息流入和一个负责信息流出的部门组成，它们以独立而完整的理念型部门的形式联合起来。

1. 信息的搜集来自于市场。

2. 搜集来的信息得到分析和处理，以为更进一步的工作提供必要的知识。

3. 理念的发展是组织的心脏。在分析的基础上，要注重理念的发展，而不仅仅是产品的发展，唯有如此才能保证公司未来的生存。

4. （1）产品的开发通过与理念发展的不断交互影响而实现。

（2）同时，该部门必须为产品找到新的应用领域。

5. 外向型工作应从计划部门开始。

6. 营销部门必须有一个专门负责活动安排和赞助执行的部门的支撑和补充，它的重要性并不亚于传统形式的沟通。

7. 教育和培训部门负责保证组织内对责任的履行。

8. 后一个环节是实施部门，它是与负责保证行动得以实施的分支机构进行密切合作的关键部门。

9. 分支机构将使命付诸实践。

对分公司进行削藩

首先要做的是打破现有的组织形式，分支机构的自治权必须被剥夺，那些称霸一方的"诸侯"就是需要被革除，这当然并非易事，它需要高层管理者更多地、更积极地参与到全球市场地位的建立之中，而不是在经济效益和简单预测的基础上寻求控制。

在新组织建立的过程中，致力于组织业务内容的开发是很关键的，而不应着眼于组织表面所呈现出来的东西，我们应该从建立"健康而稳固的循环"开始国际化组织的建设。遵循这一循环过程的目标，是创建一个全球化公司。公司的组织结构也因而要进行相应的调整和改变。

知识获取

你需要获得最充分的关于最重要市场上的消费者／使用者的信息和资料，甚至是较小市场上的有关信息，这些资讯可以为权力中心进行决策提供最好的依据。除了搜集市场上的消费者和品牌地位的有关数据之外，公司具有监督营销行为实施和教育计划执行的控制体系也十分重要。

公司必须能够远距离地控制行动，这样，才能使每一个员工充分地意识到这一点，并竭尽全力以实际行动为其实现而付出努力。

分析

适时建立一个分析与控制中心，其主要职能在于获取不同市场上的目标群体的准确信息，以及获取品牌市场地位、机会、威胁、优势、弱势以及竞争对手等有关信息。而且，该中心另外一个同样重要的职能是，认真分析所采取的营销策略的实施效果，以及媒体效应和新闻宣传活动的效果，以此明确哪些是有效发挥作用的，哪些是无济于事的，以及行动开展的情况如何。

最困难的事情是通过分析不同市场及对比其结果，然后在此综合结论的基础之上作出决策。分析控制中心必须与开发部门一道为品牌寻求"全球化道路"。

利用以前曾经被分支机构阻隔的同样的资源，管理者现在已经能够获得真正的"在线"信息了，不再需要两三年漫长的等待，也不再是经过主观歪曲的信息，他们已经能够掌握真实的市场状况。

理念的培养

传统型组织内通常会设有一个产品开发部，不过，今天的产品开发已经不仅仅是指实物产品，更包括品牌理念的设计，因此，新的产品开发的新标准便由此产生。

这个部门需要与分析控制中心有密切的配合，而它最重要的职能是搜集一切关于全部品牌价值的相关信息，公司利用这些信息来开发新产品，实现产品改进、产品定位，或用于一项新的、更加有效的广告宣传。

不断衡量品牌稳固性及品牌延伸程度也十分必要，试想一下，我们能否引进新的产品，以使我们的品牌地位更加强大和稳固？

由于出发点的不同，衡量品牌稳固性与延伸性的职能与传统的开发部门明显不同，这一职能的实施开始于对品牌等级以及与此有关的品牌价值的关注。

这是公司的神经中枢，是公司精神得以形成并不断调整的地方，这才是公司真正的权力中心，该部门应该与高层管理者保持十分密切的联系，高层管理者必须始终参与该部门的工作。

在新型国际化公司里，这是一个很关键的部门，正是这个部门，在进行决策并制定未来的发展规划，势必要设立产品开发部门的时代已经过去，正如图6-3中所示，产品本身只是开发工作的一小部分内容，而它更广泛的内容在于品牌竞争：

1. 传统的（实物）产品开发。
2. 理念的培养与产品开发相关。
3. 整个公司的全面发展变得十分必要。
4. 使其成为一种品牌文化，从而巩固品牌地位，需要为开发行为付出更多的努力。
5. 最终品牌地位及品牌精神的实现需要大量不懈的努力，而在这种开发的努力过程中，品牌本身只占有极小的份额。

该部门每年都必须就公司精神提出建议和调整计划，这些建议和计划必须经过分析、商磋并最终作出决定。决定一旦作出，每个人都必须遵守和执行，具体的实施交由运营部进行，即产品开发部、产品应用部及营销部，它们依此而对现有的理念进行调整，开展新的活动，参与竞争，并开发能够使品牌地位得到巩固、品牌等级得以提升的新产品。

产品开发与新型应用开发

新的模式下的产品开发部门，不像许多技术驱动型的国际化公司中的同类部门那样拥有产品开发的自由支配权和决定权，它必须与发展部门

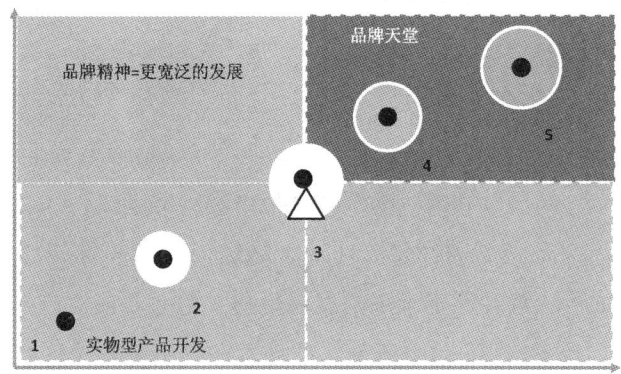

图6-3 开发部门的任务拓展

> 产品开发的工作必须受一致化理念的控制，这种一致化的统一理念又会成为消费趋势的导向性因素。

密切合作，以取得与其在市场中所获得的品牌地位相符合的效果。产品的发明与创造或许是由天分所决定的，但如果它与公司的品牌地位相去甚远，以至于公司的品牌链根本无法涵盖，那么，在努力将其推向全球市场的过程中，大多数公司都将面临巨大的困难。我们真正应该提倡的是新的品牌，而不是新的产品。

控制实物产品开发并使之发挥作用仍然是有意义的，因为这样能够保证新产品与理念发展部门为品牌链所设立的框架相吻合，但这也正是许多国际化公司容易出现偏差和错误的环节，因为它们的产品开发脱离了基本市场。正因为如此，产品开发的工作必须受一致化理念的控制，这种一致化的统一理念又会成为消费趋势的导向性因素。这里并不是说你应该跟从消费者的脚步，而相反，你应该永远走在前列并成为潮流的塑造者和引领者。在IBM没有能够准确地把握消费市场上个人计算机的发展趋势，而仍在进行计算机主机的开发与研制时，它便恍然间发现了忽略这一问题所造成的严重后果（巨大的成本流失）。

当其他的生产商闯进市场，积极响应消费者的呼声并迎合他们的需求时，IBM在惊异中遭到了彻底的打击，由于未能密切地关注舆论的动向和市场的发展趋势，IBM在面对新的形势进行调整时遇到了困难。

如果国际化公司建立起能够被产品所利用的真正的发展部门，那么通常就能够发现许多新的机会，公司因而也就将获得极大的优势。如果能够为现有产品的应用开发出新的范围和领域，那么不仅能够实现资源的最优化，也能够实现市场潜力的最优化。

计划

大多数保持传统组织结构的国际化公司都设有营销部门，这些部门在大多数情况下只不过是其销售组织的附属品而已，因为掌握权力的往往是销售组织而非营销部门。这种营销部门一方面既涉及销售，另一方面又涉及产品开发，该部门从各个分支机构所汇集的信息既不够准确，又无法反映市场的真实动态。通常，销售经理会以意思明显的简短言语为产品开发提供解决销售问题的方法："如果能够使我们所生产的产品具有我们的竞争对手刚刚推出的新特点，我们就能卖得更多。"而这往往会导致争议。同时，由于对市场的观察和了解太少，这种浅薄势必使任何新的想法都将只是狭隘和片面的，因此，传统的产品部经理无法在实质上给予过多的配合。

这种传统的营销部门必须转变为发展部门和计划部门的行动武器，由发展部门和计划部门决定公司的市场定位，计划部门最重要的角色是对分支机构所发生的一切有一个全面而系统的了解，对为了保持市场地位或者为赢得未来的市场份额应该采取什么行动有明确的认识。大多数国际化公司都是首先发起营销活动，然后才开始考虑如何将这些计划好的行动付诸实施。如果公司是在大规模地运转，那么行动开展的顺序就会完全不同。

我们承认会存在这样的问题：他们在某一市场中需要什么而我们的组织又能够给他们提供什么？如果你找到了问题的答案，那么你就能够制定正确的营销策略，规划相应的营销活动及教育和培训程序。

理念发展部门和计划部门都是国际化公司内最重要的部门，因此，它们只能有一个老板，这个人是拥有公司的最高职位的人，由他来实行统一的领导。只要那些职能在组织的等级划分中有哪怕一丝一毫的偏离，组织都将陷入总部与分支机构无尽的权力斗争之中。

计划部门应同时从长期和短期的角度进行运作。在任何特定的时候，都需要有短期营销行为的开展，并需要教育与培训的配合。但是，这些行动还必须在更广泛的范围内适用，这样才能保证品牌的长期发展。由于不同的市场处于其学习曲线的不同位置，而它们的知识也相应地要发生变化，因此，将一切都聚合在一个中心化部门中的做法将获得极大的优势。实现公司知识和信息的中心化聚合为决策提供了更加完善和更加可靠的依据，如果你想要在每一个市场上都成功实现具有一致性价值的国际化品牌的运作，这一点就是必不可少的要素。

计划部门还应该保证公司的资源没有浪费在组织所无法开展的开发、营销及教育活动之中。发展部门致力于品牌的市场化运作所需要的信息的搜集和处理，通过与发展部门的合作，计划部门在最佳的时期为分支机构提供必要而恰当的投入，以便使分支机构能够按照所预期的方式和渠道真正地实施计划。

在分析发展部门提供的信息的基础上，就可以对下一年的计划以及三年计划进行提议，这些提议须经过重要部门以及分支机构的共同讨论，以保证所有的意见和建议都能够得到最广泛和最充分的响应。

为了使所有成员都能够对所提出的观点和问题进行充分的考虑，要给每个人以详细阅读计划的时间，此后，再组织讨论并作出必要的调整。但无论如何调整和改变，最终决定的作出一定要在一致同意的基础上。

计划一旦由任务负责人决定下来，也就意味着整个公司的决定已经作出，因为国际化公司的精神型领导者既负责管理信息流入部门，也对信息流出部门负责。这看起来似乎是不言而喻的事情，但却很少有高级管理者能够真正参与这些工作——尽管公司的未来正决定于此。实际上，他们中的大多数人只是注重财务指标，但这些指标所能够代表的也仅仅是已经过去的历史。如果一种预测的作出并不是以真实的知识和信息为基础的，那么它将毫无价值可言，这些现实数字并不能向他们反映任何有关他们在主要市场上的地位的信息。但尽管如此，仍然有很多的国际化公司的老板们在一意孤行。为了使公司具有一定的意识，信息流入部门和信息流出部门在组织中的地位是非常重要的。在计划环节需要花费足够的时间，这样才能保证国际化公司在其余的环节中节约大量的资源。营销和教育现在已经成为在特定的市场上和特定的时间内必须执行的固定的任务。

营销

在新型国际化组织内，营销部门的任务是被发展和计划部门明确规定的，但这一任务仍然是重要的。

营销理念与营销活动必须具有全球性，而它们的根基仍然要扎在最重要的市场上——也包括一些较小的市场。为了获得这一最优效果，在营销部门与市场的最终使用者之间必须形成相互关联和相互影响的过程，这也意味着理念的培养与发展应该与技术产品的开发保持同步，而不是等待在产品开发最后完成时进行。发展部门负责对此进行关注，当开发项目规模较大时，在这两个部门之间就必须要密切地配合。

这样的营销部门已经具有了全球性，随着所承担的项目变得越来越大，考虑到市场之间的差别，开发的时间也就相应会变得越来越长。但是，无论在何种状况下，跨越所有国家的品牌的一致性都必须得到明确和保持。将发展与营销的职能割裂开来，有助于营销部门更加聚精会神地致力于具体行动的实施。在耐用消费品市场上，营销影响力如果再辅之以营销渠道的优化组合将是成功运作品牌的关键。

在市场中，建立有效的营销体系并寻找到向最终消费者施加影响的办法十分重要，这可以通过不同的方式得以实现。然而，在以上两种情况下，公司都必须能够吸引和留住消费者，从所有市场上所获取的信息和知识，都需要转化为能够首先在特定市场上进行测试的方法，或者转化为从一开始就能够得到充分实施的策略。无论使用哪种方式，它永远都是一个持久的学习过程，然而这恰恰是很多公司容易忘却的事实。

营销部门必须致力于如何能够最好地接近消费者。如果使用分支机构所熟识的数据库，那么公司就必须保证这一数据库所提供的所有信息和知识都能够在所有市场上得到传授，从而保证责任感的产生和行动的实施。只是有好的主意、想法或创意是不够的，这些主意、想法和创意必须在你所进入的每个独立市场中以计划的形式得以实施和开展。

活动/赞助/知识

许多大型国际化公司借助于赞助和举办大型活动，或者两者的结合来宣传它们的品牌和业务，这些领域因而应该要求享有高度的优先权以及组织内的中心地位。实际上，这并不只是营销部门作为其日常义务的一部分在做的事情。在耐克公司和阿玛尼公司，赞助活动控制了整个的公司。还值得一提的是，那些对赞助活动涉足很深的公司，通常仍然需要在传统营销手段和广告功能的发挥上耗费同样庞大的资源。对于专业化产品市场上的国际化公司来说，与消费者产生知识和信息的沟通是至关重要的，这可以使其信息部门与发展部门发生密切的联系,以保证这一外向型功能成为其营销组合的一部分。许多公司拥有消费者愿意触及的隐蔽性的知识储备,这有助于公司市场地位的巩固,但遗憾的是,大多数公司既没有意识到这些知识和信息的存在,也无法将它们传递出去,而其余的公司却完全不理解这一机制的作用,只是延续着"品牌的特征轨迹"运行。无论是跨越国界或行业的知识转移,还是同一国家或行业之间的信息交流,这一机制都是完全相同的,它同样适用于制药研究和体育赛事。如果你想在专业化市场上获得强大而稳固的地位,与该领域的领导权威保持密切的联系是十分重要的。组织的行动必须以事实为基础并成为它的一个构成部分。

制药业是一个全球性的行业,该行业的知识传递与交流是跨越国界的,该行业中最成功的公司是那些懂得如何在知识开发与医生之间建立联系,同时知道如何将这些知识应用于产品开发的公司。

培训

培训是所有类型的公司的新需要,大多数新产品中具有越来越多的知识含量,而知识含量的提高要求对最微小的细节都要有严格的控制,因为产品要经过所有消费者的使用来检测。

通过在恰当的时机制定一项确切的计划,并考虑到分支机构与消费者接触的所有可能,教育培训部门就能够以全球导向型模式展开工作。许多成功的公司都是通过教育施加它们的影响,如迪斯尼和麦当劳。麦当劳利用它的汉堡大学,将培训渗透到了哪怕是芝麻粒大小的位置上的员工身上,这使得教育成为一种管理工具,成为保证公司计划得以实施的一部分。

实施

如果不致力于责任及其履行，就不可能以公司精神来运作公司，尤其当公司的主要产品生命周期较短时，公司必须以保证行动的实施为核心任务，设置一个享有优先权的职能。在正常情况下，这一任务通常由教育培训部门和营销部门负责。通过对实施过程进行严格的纪律约束，将会引起分支机构足够的重视。因为它们很清楚它们的未来将决定于即将到来的一切，决定于它们的执行状况。已经计划好的事情一定要付诸实施，而如果这一实施的过程需要专业知识的支撑和推动，那么职能部门必须保证这种知识的获得。

分支机构

必须对分支机构进行重新设立，使它们成为与公司的神经中枢相关联的具有协调作用的单位，而绝不能成为具有所有职能的独立的实体，这不仅仅是因为高昂的成本，更重要的是因为这往往会带来很多负面的影响。我们在前面已经讨论过，公司计划确定并经过全体一致通过之后，剩下的就是实施的问题。分支机构的组成人员必须是那些实施者和执行者，而不是希望借此将自己的产品和创意进行发展和推广的人，个人的产品和创意只是在公司前进的车轮上加上一根辐条而已。

在以公司精神运作公司的过程中，最重要的职能是保证信息在需要的时候如期而至，这是高层管理者能够保持其全球化市场地位的统一性和品牌市场地位的一致性的惟一途径。实施部门必须与教育培训部门及分支机构保持协调，以保证计划中的一切行动都得到开展和执行。

任务划分十分重要，这样可以培养和发展起权力中心，并实现分支机构行动的实施，这是你在为分支机构招募员工时的指导原则。有人会提出异议，认为这样做很显然不利于吸引有能力、有激情的人。实际上这毫无意义，如要

图6-4 同一性国际化公司中的任务划分

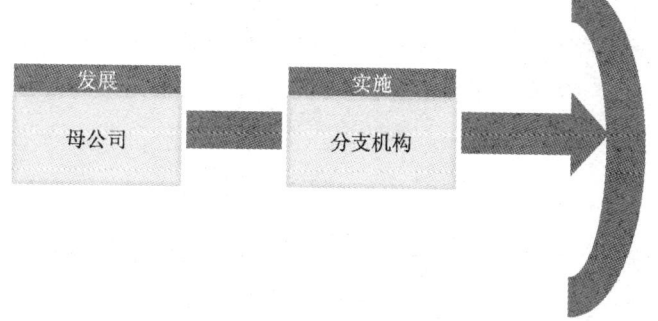

真是这样的话,可口可乐公司在世界上的地位和声誉将完全是另外一种状况,而麦当劳也将经营从汉堡甚至到油炸毛毛虫的任何产品。无论你身在何处,以全球化价值经营一个品牌都具有很大的激励作用,上面提到的两个公司每一天的运行,都证明了这一点。

产生于国际化公司的全球化大品牌与低度发展的品牌之间的差距完全取决于公司的高层管理者,必须有为其责任而努力实践,为创造人人都明确其任务所在的同一性国际化公司而倾心奉献,并竭力保证一切都按计划实施的人。

任务划分十分重要,这样可以培养和发展起权力中心,并实现分支机构行动的实施,这是你在为分支机构招募员工时的指导原则。

调整的不仅仅是理念

能够超越其自身的发展而将全球市场视为一个同一化市场的公司很少,而公司精神的形成是以能够将所有的部门都聚合在一个具有同一性的实体之中这一原则为前提的。大多数国际化公司在有些市场上,或许已经建立起强大而稳固的地位,而在另外一些市场

> 一定要牢记很重要的一点：当你谈到调整的时候，它应该是指体制的调整，而不是概念或理念的转换，理念是固定不变的，是公司推广和宣扬的东西。

上，或许就差一些。

在处于不同发展阶段的各个市场上，都要运用公司精神，如果能够认识到这一点，公司抵御权力分散化和组织分裂的能力和可能性就会提高。然而，其前提是必须制定明确而清晰的计划，在小规模市场上寻找理念发展的起点，等到该市场有了更进一步的发展时再进行变换是毫无用处的，人人都必须为追求更高、更远、更大的目标，为公司精神的形成而倾其全部力量。一定要牢记很重要的一点：当你谈到调整的时候，它应该是指体制的调整，而不是概念或理念的转换，理念是固定不变的，是公司推广和宣扬的东西。涉及国际化理念，大多数国际化公司通常会选择一个范围十分广阔的共同的名称，以试图无所不包。但殊不知，公司精神驱动型公司是一个完全不同的有机体，它选择了一条道路就意味着选择了一个十分明确和具体的目标和定位。这是一个

图6-5 根据市场发展阶段进行调整的过程

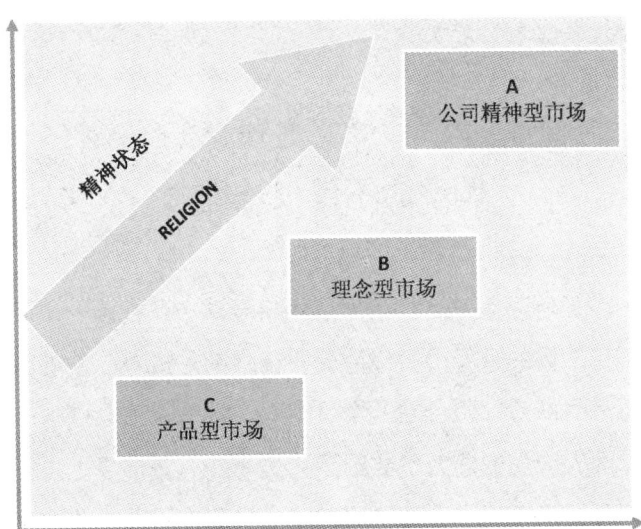

不可回避的事实：许多国际化公司都在它们建立其强大的市场地位的过程中衰退和隐没。

当你这么做时，就完全能够保证一个完美的组织的形成，而这一成功的产生来自于它的独特性和国际范围内的同一性。

精神的推行过程开始时，不同的市场通常会处于不同的发展阶段，这一点在具体实施中必须予以考虑。

对于拥有稳固的公司精神的公司来讲，偶尔放弃那些其公司精神得以成功推行过于困难的市场也是十分必要的，全球市场实在太大，最好还是以与公司信仰相吻合的市场为目标，并致力于这些市场的开发和培养，这要比为了迎合所有市场和所有消费者而淡化甚至改变原有的理念要强得多。

凝聚力也是王道

凝聚力对于公司精神来说是至关重要的。当所有的努力都被汇集起来的时候，公司的成长就已经不再是偶然的巧合，因为一切都经过最细致的分析和最详尽的解释，公司未来品牌地位的发展并不取决于经销商或代理商的实践和经验。

对新市场的分析很少是充分的和足够的，对销售潜力的估计往往是在并未考虑其与公司理念和形象的关系的状况下作出的，但正是这种理念，才是真正的市场潜力的决定因素。一个问题是，当你乍看该市场时，其规模和潜力似乎很大，而事实上它却很小或根本就无法触及；另一个问题是，公司已经建立了某一特定的营销机制，而且这已成为公司运作并取得成功的一个条件和前提。一个很好的例子就是宝洁公司。大多数同类产品的经销公司以家庭主妇为其目标消费群体，而宝洁公司的调查表明，日常用品最佳的销售渠道是电视广告。

因此，宝洁公司建立起了许多指标和系统，以确定要获取一定的市场份额所必需的因素和条件。在这些指标和系统中，必须包括完整的市场组合、促销、抽样调查、优惠券销售规模及媒体影响等有关知识和信息。宝洁公司从来不进入那些不能以电视广告的形式宣传其产品的国家，一个公司精神型公司必须纵观整个全球市场，以发掘适合自己公司精神的主要市场，并以此为主攻目标。

新型组织化思维

当你将一个完整的理念展示和表达出来时，你实际上在将公司划分为三部分：生产开发、财务后勤及纯粹的理念化组织。

这样不仅使可获得的资源最大化，而且能够产生运作这些主要领域的双倍的能力，可以避免其中的某一半得到比另一半更大的支配力，这对于一个同时充当两个领导角色的人来说实际上是不可能的。这种划分的主要益处在于，你可以将能够增加公司品牌价值的一切都容纳在一把伞下，而且能够获得控制全部信息流动的绝好机会。尤其重要的是，产品管理、细分市场管理以及投资风险管理等都能够得到统一，那些诸如产品开发与设计，即与外部理念息息相关的领域也将包括在内。

许多公司由于沿袭传统的开发和发展与产品生产相结合的做法，因而对这种思维方式并不接受。然而，在消费者与消费倾向决定公司发展

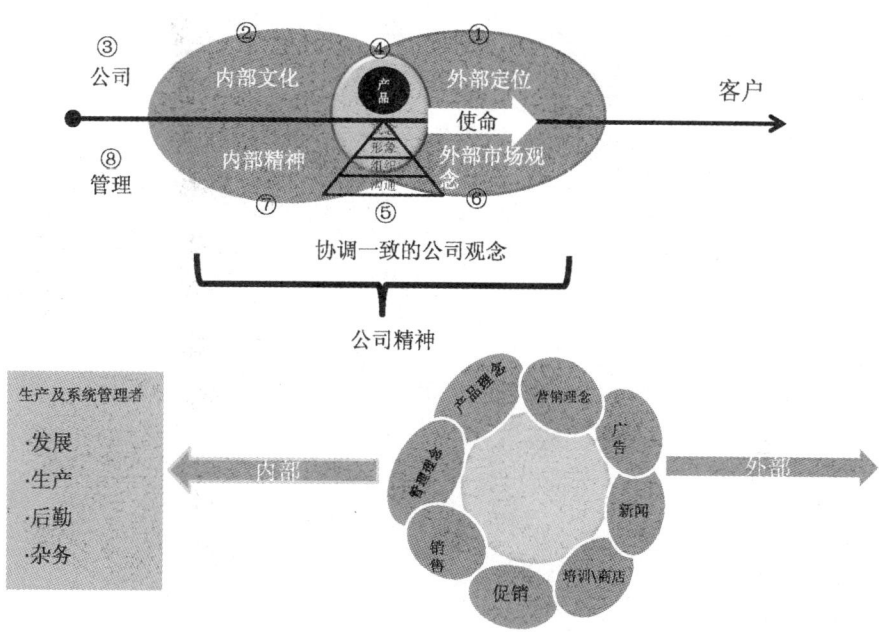

图6-6 未来组织中的管理任务

方向和地位的将来，发展与生产相结合的做法是行不通的。理念的培养与发展必须与技术性开发相分离，技术性开发只是生产部门的责任，这种简单化最重要的作用是促使市场的一体化观念的形成，因而能够避免积极性与主动性的相互隔离，使统一策略的采用得以实行。在完整的理念化思维的实践过程中，这一点十分关键，无论传统型组织具有多么美好的愿望，权力的分离与各自"帝国"的建立都将破坏其目的的统一性与一致性。

因此，必须对传统的销售职能和营销职能进行全新的定义，公司已成为一种品牌——产品部经理因而也应成为细分后的理念发展部经理，而传统的销售与营销经理则将变为公司的团队管理人员和驱动力，成为公司与消费者之间至关重要的纽带。

理念型经理将成为公司精神的领导者，与传统管理模式中的高级管理角色相比，要具有完全不同的素质和条件，如今的管理者必须具备发展与沟通的技能，必须具有在前沿发挥领导作用的能力，必须有感召力和热情，有勇气和前瞻性。

追求事业以及甘做事业阶梯的管理时代已经一去不复返了，将来重要的管理素质将是知识、视野、热情以及与任务目标的同步性。

与理念有关的一切都必须由一个人统一管理，他同时也是公司的精神领导者，他必须获得负责产品开发、生产、后勤和财务的管理者的支持。

第7章
高层管理者的变革

不要把自己埋葬在小事里

创始人的伟大形象

集体的领导意味着什么?

优化你的资源

化无形为有形

你才是未来的老大!

领导者必须永立潮头

建立一个靠谱的系统

领导者是将船只向前推进的浪潮!

——托尔斯泰

如果不对高层管理者的角色进行重新衡量和要求，就不可能有公司精神的诞生。本章将涉及这一问题。

我们都承认，有太多将权力纷争的解决交给其他人，自己却躲藏在背后逃脱责任的领导者，而真正好的领导者是站在前沿发挥领导作用的国际化公司的领导者。当今，变化与发展如此迅速，传统的国际化公司的管理等级模式已经不再能够适应未来的发展，为了防止权力分散并实现个人统治而以财务指标或业绩为目的所做出的努力已经被彻底淹没，公司需要的是强有力的精神化管理，是能够将全部精力聚集于品牌地位的树立的精神型管理者，否则他们自己也将被来自于组织内部的斗争所摧毁。期望借助于精神化价值来领导公司的国际化经营的老板，必须认识到其最重主要的任务和职责就是将公司调整到与公司精神相吻合和一致的轨道上。

不要把自己埋葬在小事里

对财务指标的控制创造不出任何价值，而增长才是关键，但同时也不能忘记，是增长创造了价值，价值才具有最根本的重要性。

国际化公司的领导者将自己埋葬在成堆的行政事务之中，却将有关公司发展的一切都交给了组织中更低级别的人来完成。这样做的结果是，由于其大部分精力转向了其他的事务，公司良好的创意和观念不能

新型的国际化公司的领导者必须将自己从繁重的行政事务的重压下解脱出来。

今天，高层管理者基本上致力于过去的财务分析和今后的财务预算；而将来，他们的焦点必须转移到对愿景目标和未来发展的关注上。

向上传递到高级管理层，公司将因此而丧失其中的利益。新型的国际化公司的领导者必须将自己从繁重的行政事务的重压下解脱出来。同时，必须以公司未来的建设为核心，公司的主要精力和资源都要汇集于此，而不是将重点放在对每天日常经营状况的控制上。

今天，高层管理者基本上致力于过去的财务分析和今后的财务预算；而将来，他们的焦点必须转移到对愿景目标和未来发展的关注上。

大多数公司在一开始往往对严格管理相当热衷，此时的公司规模比较小，严格管理的推行相对容易，而随着公司规模的逐渐扩大以及公司业务的不断增加，管理控制所面临的困难也就随之增多。一代又一代公司诞生又败落的历史充分地说明，保持一种一致性和同一化的管理以及维持一种公司文化的持久变得越来越困难。然而，我应该指出，保持最初的文化并非总是最好的选择，这必须由品牌地位决定——与领导者的个人魅力和性格无关，虽然遗憾的是，事实却常常如此。在紧闭的大门背后所作出的决策将不可能是合理和可行的。

图7-1 高层管理者未来的焦点

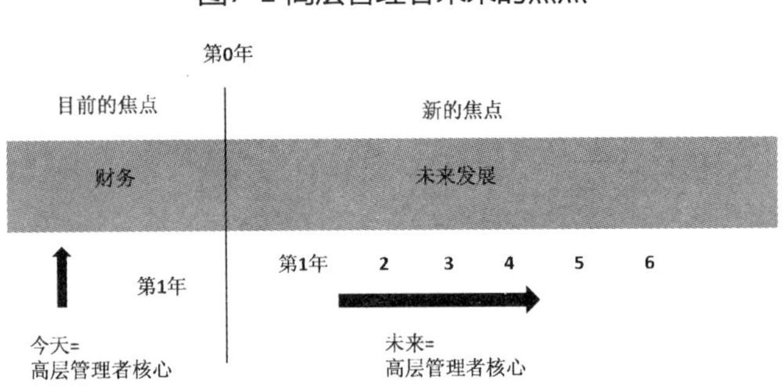

目前的焦点	新的焦点
财务	未来发展
第1年	第1年 2 3 4 5 6
今天=高层管理者核心	未来=高层管理者核心

第0年

因此需要一个真正的指挥者，一个在组织中可见的人，一个愿意站在前沿领导公司前进的人。

由其创始人经营和管理的公司往往不会遭遇管理同一性的问题，但是，如果创始人辞世或离开了领导岗位，问题便会出现。最主要的困难就在于将领导者的理念和精神在整个组织内明确并发扬开来，但由于并未意识到沟通的无比重要性，管理者们通常无法致力于此，除非从上级向下传达信息或命令，才可能会有极少量的交流出现。尤其在大型国际化公司内，当其组织已经发展得过于庞大，或者当管理者对公司的整体管理已经变得十分茫然时，管理的重点就会转向对数字的控制。真正需要的是进步型和前瞻型管理，这样的管理可以告诉整个组织前进的方向、以此为目标的原因以及通过什么方式和渠道实现这一目标。

创始人的伟大形象

每一个著名且有影响的国际化公司的背后，几乎都站着一位能力超群、魅力十足的创始人，或者是一位以自己的个人能力将公司引向成功的继承者。有时，或许是一个领导群体，而不是某一个具体的人，但在任何一种情况下，他们共同的特点都是具有对公司业务同样的同一化的态度和追求。借助于高层管理者所具有的力量，可以将公司本身调整到与这种特殊管理相符合的同步状态。没有人会对这一调整的过程产生任何疑问，它以简短的沟通渠道和明确而清晰的核心创造出了一个高效的公司。

只要管理者始终保持对市场发展的关注，就能够生产具有竞争性的产品，就能够了解确立和强化品牌地位的重要性，这样的公司就不会陷入困难的境地。

然而，大多数企业家往往都是在技术背景下成长起来的，属于产品开发导向型的领导者，他们往往倾向于将注意力和精力置于实物产品方面，却很少理解建立稳固的品牌地位的重要性。

公司创始人所存在的另外一个缺陷是，随着时间的推移和公司的不断繁荣和发展，与他们所获得的权力相比，他们距离最终环节越来越遥远。这通常会导致这样一个结果：由于他们的思想已经变得陈旧，由于他们的观念已经变得腐朽，由于他们将撤回到象牙塔里，由于他们满足于已经取得的骄人业绩，由于没有一个新的精神型领导者在等待着插上起飞的翅膀来进行接替，公司将会每况愈下，公司的发展将会受到阻滞。

一个新的行政管理人员并非是一个合适的接班人，因为愿景目标将会就此消失。你或许会举出发展部门的例子来反驳这一观点，因为发展部门的核心任务就是不断向前看，但是，如果从公司顶层就已经丧失了凝聚力和核心性，那么这也将在整个组织内迅速地扩散和蔓延开来。这是大型公司中存在的一个令人遗憾的事实：当发展的不足反映出其对销售的影响时，许多时间已经流逝。这说明了在短期内，为什么一个新的行政管理人员通常只能够在财务指标上取得一些成绩，但却导致了对愿景目标的渐渐冷落和淡化，直到有一天，品牌不再躲藏在产品开发的背后，而成为决定公司成败的关键时，公司突然出现崩溃，而不得不艰难地接受这一沉痛的教训。

这是美国工业中存在的典型问题，其主要原因是高层管理者掌握着对股票期权有利的控制权，他们拥有在短期内使公司价值最大化的巨大优势。此目标实现之后，他们便可以高枕无忧，可以对着自己的银行存款余额微笑——但是，公司在市场中的长期地位又如何呢？

由于市场是一个动态变化的过程，因此，那些仅仅停留在对公司历史和业绩的回顾上而沾沾自喜的管理者已经落伍，已经很难再在市场竞争中找到他们的立足之地。有很多公司因为它们的竞争对手也确实被类似的目光短浅的管理方式所羁绊而勉强得以生存，它们意识到了这一点并迅速进行改进。这也解释了为什么大多数业务领域迅速地实现了一个很大的跳跃——因为有人突然而至，他们带来了创新精神，带来了能够使所有其他人都为此而作出反应和改变的力量。

或许是因为他们已经因产品的成功开发而创造了市场，或许是因为他们在市场中找到了其产品生存的空间，公司创始人通常都站在其发展的前沿，他们是促使公司与市场接轨的主要力量，他们清楚地了解自己的市场位置，并懂得如何去解读市场，去解读消费者。当公司成长和扩大并逐渐走向国际化时，他们或许就丧失了对公司和市场的全面分析和了解，问题便也随之产生。为了保持他们的支配力量，他们便会转向对资金的控制，而此时，公司便会慢慢被淹没在统计数据的海洋中。

在这种状况下，创始人最好的选择就是走到一边，将动态化的管理交给一位新的具有创造性的领导者，或者让其他人来负责财务管理和控制，这样，他们就能够继续对市场进行追踪并实现公司的发展。只要创始人本人还出现在公司，那么就没有人会安排议程，没有人会对公司的发展进行干涉。由于大多数创始人亲身参与一切，通常就会形成一种强有力的精神化管理的氛围和意识。他们向所有的人发出信号，使公司中没有人会对他们前进的方向产生质疑。比尔·盖茨是这方面的一个很好的例证，微软的事实证明，只要拥有思想和精力，其结果必将是成功。

传统的企业家所具备的坚忍不拔的精神应该发扬到其国际化经营的过程中来，如果你躺在过去的荣誉和成就上睡大觉，那么获得重生将十分困难。

集体的领导意味着什么？

　　大多数国际化公司都处在其第二代管理集体的领导之中，而这也正是面临巨大挑战的阶段，你如何能够将企业家精神进行适度的转化，并创立起与其创始人所实现的同样强有力的管理体制和管理方法？

　　公司文化的形成并不一定意味着就具有了稳固而具前瞻性的管理模式。未来的成功发展只会出现在不断向前的组织中。绝对不能低估拥有有形管理层和清晰目标的大型组织中员工的作用，财务指标和薪金本身并不足以形成动力，它们必须具有精神化的支持与辅助。

　　如果公司拥有其市场定位的目标和愿景，实施了具体的行动，并得到了每个员工的积极配合，那么它将因其所付出的一切努力而获得最佳的回报。这一点必须通过与公司老板所制定的更大、更远的目标的关联性得以显现，他们必须在将清晰可见的目标呈现出来的同时赋予其精神化的基石。目标不能使员工感到遥不可及，这是成功的关键，相反，员工们必须能够受到目标的激励和推动，目标与愿景在市场上实现的程度越高，组织就会变得愈加强大，变得愈加愿意为目标的实现而奋斗。

　　值得说明的是，在任何一种状况下，都曾经有一些人，他们充满了幻想和追求，他们具有远见，他们具有创造性和革新性，他们在管理着公司，他们能够使公司实现更高的飞跃。他们的目标十分明确，公司已经具有了一种浓厚的精神化管理的氛围。关键的是要将这一条件进一步完善和提高，以使其成为公司永恒的特征，这样，取得了成功的文化变成了公司自己的文化，动态的、前瞻性的管理文化得以一代代相传下去。创造稳固的国际化地位是一个极其漫长的过程，尽管诸如美体小铺、微软和耐克等迅速崛起的公司让人印象深刻，但你仍然不得不为可口可乐的发展而叹服，它能够将其动态的、极具进攻性的策略成功地一代一代传下去，这是它获得今天强大的市场地位的原因之一。像比尔·盖茨和安妮塔·罗迪克这样的创新型领导者，是创造公司迅速腾飞的精神化领导者的范例。但无论对于谁来讲，保证公司不断发展的决定性因素都将是如何培养一个稳固的第二代领导阶层，以及如何形成一种稳固的文化。那些以新的增长完成了这一过渡和转移的公司都具有一个共同的特点，它们都具有连续不断的动态的精神化管理。你随时都可以找到一个领导者，但要想找到一个或者一群能够继续维持这种精神化管理的人却是相当困难的。

> 想维持其管理地位的高级管理者，必须使资源最优化。

优化你的资源

想维持其管理地位的高级管理者，必须使资源最优化，而资源的最优化开始于组织的变革。为了能够以公司精神来运行国际化组织，管理者就必须将丰富的资源应用于对市场的跟踪，应用于精神的培养、发展和维持，以及应用于组织责任的承担与行动的实施。因此，高层管理人员必须将他们自己从旧有模式及传统事务中解放出来，改变以前静态的管理角色，扭转财务控制是其主要工作内容的思想和作风。管理者必须有时间去观察市场，这样才不会丧失走在市场前列的机会。

国际化公司如今的组织方式阻碍了现代管理模式的推进，因为这样的组织将本应用于建设性管理模式塑造的时间用在了其他方面。这种新型的国际化组织必须按照公司精神的理念进行相应的调整，这样才能够促发组织本身动态和进步性的努力。这时的公司领导者已经成为精神化领导者，负责信息流入部门和信息流出部门的两个人必须分别进行直接汇报。在新的工作秩序下，分支机构不需要直接汇报，其注意力会从中心化的公司精神转移出去，因此需要有坚固的控制体系，否则将会导致分支机构与母公司之间时不时的权力斗争。

获得有效管理的条件是，必须为领导者创造必要的空间，甚至必要时通过巨大的组织变革！这样，他才能够继续发挥其领导作用，而不是受组织的牵制。那么现在，领导者的全部资源已经能够用于保证形成公司增长的稳定基石，而公司其他人则致力于公司当前收益的提高。如果该领导者仍然能够持续不断地站在前进的前沿，以公司精神来运作公司，保证公司与市场的紧密接触并成为市场先导，以及实现一切计划的完美实施，那么一切都将如愿以偿。

在大多数组织内，由于有太多的个人和分支机构直接向高层管理者进行汇报，因此他们的工作重点是极为不明确的。

精神领导者必须直接参与信息流入与流出的管理，而只有当所有的实际工作移交给行政管理人员来做时，这才能够真正实现。

图7-2a 传统高层管理人员的工作重点

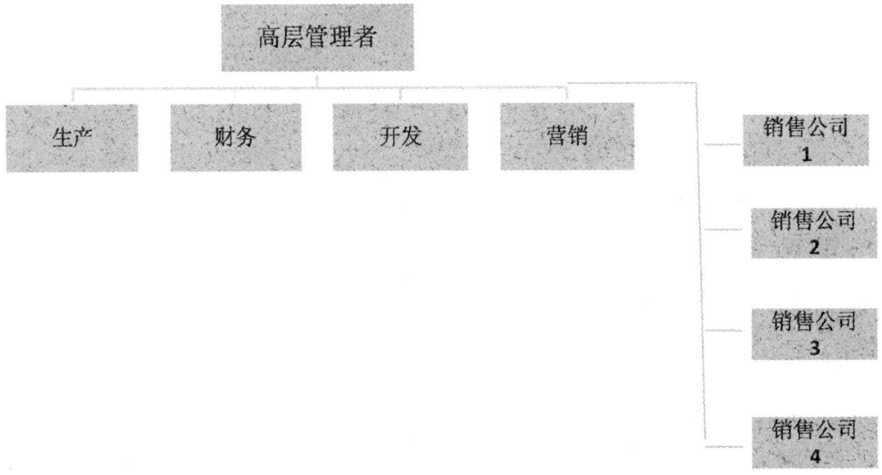

图7-2b 未来高层管理人员的工作重点

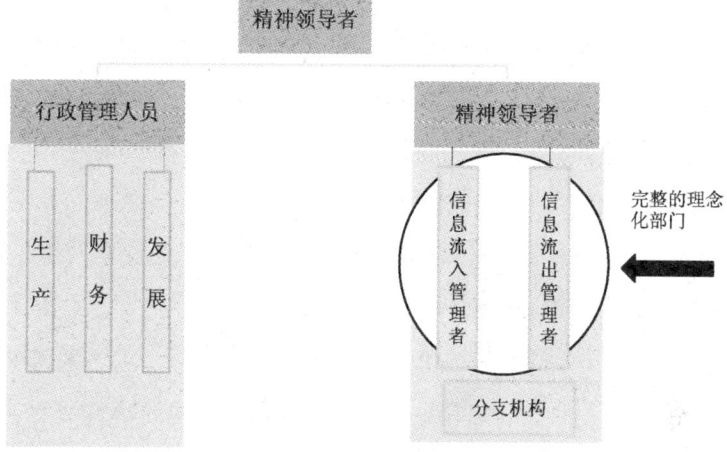

国际化公司通过这一渠道进入一个积极的循环过程，公司的全部资源和精力也都将倾注于发展与实施方面，这本身就能够创造出更强的责任意识和更大范围内、更高程度上的责任履行与行动实施，公司的市场地位因而能够得到强化，公司与市场的距离变得越来越近。这一事实众所周知；如果我们允许，我们的同事和消费者能够很轻易地侵占我们的全部时间，因此，如果想打破这种束缚并给自己自我决策的空间，我们就必须很好地把握这一点。

化无形为有形

管理的高度有形化对于国际化公司来说十分重要，它们不仅必须明确其使命，还必须对它们所宣扬和鼓吹的一切进行实践。大型公司常常因其繁琐而冗赘的体制而受到牵制和破坏，因此，其目标必须是能够使组织内从上到下的沟通渠道得以缩短。

新的沟通媒介或许能够很好地解决这些信息方面的问题，技术就在

> 如今的国际化公司的领导者们必须清楚，他们是否属于那些能够并且愿意以组织的精神化领导者的角色发挥其职能的创新型领导者。如果回答是否定的，那么他们就应该让那些能够做到这一点的人来管理公司。

眼前，但迄今为止却很少有管理者能够有意识地对其加以采用。公司通常只是满足于发行内部杂志，这些杂志往往由一些平和的人来负责，这样的人似乎总是无法选用优秀文稿。这样产生出来的作品，通常是毫无趣味和黯淡无色的，往往无法体现高层管理者的贡献。

在大多数国际化公司里，高层管理者们常常会在应该采取截然不同的行动时躲藏起来，而员工们却希望了解他们的行为动机和想法。最大限度地塑造有形化管理的例子不胜枚举，美国总统就是一个典型案例。在竞选过程中，总统始终充当核心角色，这在国家的管理中也是一样，虽然我们都知道并不是总统一个人在决定一切——还有由顾问和团队组成的庞大的团体参与，但是，总统是决策的代言人，是借助个人的对外沟通与交流带领整个国家的领导人。

国际化公司能够从中学到很多有价值的经验和教训，将有形化应用于更加有效的领导风格之中。这样做还能够保证信息的直接接收，保证即使是在距离最长、最遥远的等级链中，信息也不会被扭曲。

比尔·盖茨对此知之尤深，他既是公司的总裁，也是整个EDP业务的统帅，他到处出国走访，几乎每到一处都受到总统般的待遇并接受政府官员的接见，这似乎已经不足为奇。

如今的国际化公司的领导者们必须清楚，他们是否属于那些能够并且愿意以组织的精神化领导者的角色发挥其职能的创新型领导者。如果回答是否定的，那么他们就应该让那些能够做到这一点的人来管理公司。

大型组织中的员工希望了解这个庞大机构中的一切，虽然他们自己仅仅是这其中一个很小的组成部分。他们需要知道有关它整个的故事和发展历程。如果公司推出新的产品，或者公司政策或核心事业发生改变，他们愿意知道这其中的原因，而如果领导者能够将这一切都告诉他们，那么这些信息就会扩散和蔓延得更远、更加广泛。在简·莱斯利被任命为国际制药业巨型企业史可制药的总裁后不久，他便走遍了公司所有的主要部门和工厂，并与每个人谈话，通过与员工的个人交谈，他们都看到了他是什么样的人，以及他想实现什么样的目标和获得什么样的成就。他发出了一份个人信息，并列举了一个致力于成为其员工看得见的有形管理者的出色领导者的例子。如果能够做到这一点，任何一个领导者都将会更容易地将公司精神推到更高的层面上来。

你才是未来的老大！

国际化公司必须由能够使公司应对激烈的国际化竞争和攻击的创新型领导者来管理，他们要具有善于分析和勇于开拓的精神实质，但首当其冲的是，要具有与大型组织进行沟通的愿望和能力。其次，要积极参与到公司的中心化管理——公司精神的培养、发展、维持和传播——之中。但必须承认，同时具备这些条件和必要的国际化管理经验的人也确实很少。

与那些以产品开发为主、其主要工作内容能够用簿记员的称呼简单概括的行政管理人员相比，精神化管理者是完全不同的另外一类领导者，他们的兴起或许与20世纪80年代末出现的公司兼并的浪潮有关。在那来势凶猛的兼并时代，人人都想获得世界的控制权并成为世界的主宰——同时也有分散风险的因素，而其结果是，财务人员和行政管理人员成了从公司顶层被兼并掉的牺牲品。

曾经风行一时的经理时代已经过去，随之而来的是制度、朋友、助手和网络最富有价值的时代。

已经品牌化了的商品行业此时也将处于惊恐和动荡之中，由于连锁店和消费者已经不愿意再由于追求品牌的缘故而承受如此高昂的价格，这迫使公司将其全部资源致力于更精、更强的少数品牌的建设，大量的非核心化业务因此将会被放弃，而除了获取更多的规模经济效应，新一轮核心业务的收购又将开始。国际化公司要么发展成为综合化的控股公司，拥有众多各自专业化于不同领域且拥有不同品牌的业务单位，要么演变成为公司就"是"其品牌的独立的国际化公司。

无论是哪种情况，领导者以具有创造性和前瞻性的方式经营公司都是十分重要的。为了在市场中建立起稳固而强大的品牌地位，领导者必须全力以赴，必须具有权威性，换言之，领导者必须是一个指挥者，是一个能够利用自己的智慧搜集信息，并由此制定出正确的战略和战术的人。这样的指挥者必须始终站在前沿，永远是一切活动的核心力量和焦点。当部

图7-3 管理模式

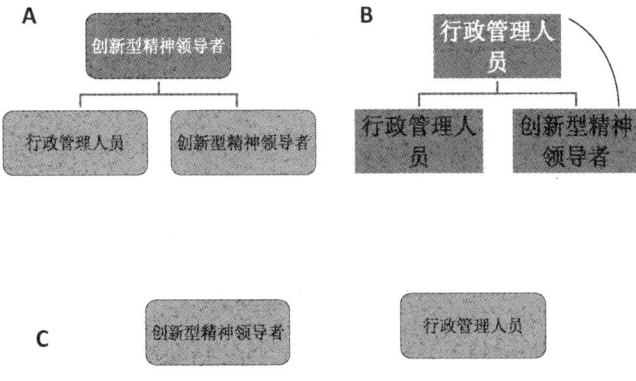

队投入战争时，整个队伍必须准备充分，信心十足，必须受到很好的激励和鼓动，因为成功并非机遇所至使然。

曾经风行一时的经理时代已经过去，随之而来的是制度、朋友、助手和网络最富有价值的时代。由于大多数网络是以国家为基础的，因此当国际化经营的领导者在国际大舞台上取得其国际范围内的成就和业绩时，这种权力结构将势必会被淘汰。你必须去经营一个全球市场——正如我已经提到的，这样做的道路只有一条，那就是将簿记员的角色从这一框架中彻底消灭。全球市场已经发展到如此庞大，只有那些最优秀、最投入的人才能够取得胜利，而取胜的能力和取胜的愿望是最重要的个人特质，要知道高尔夫比赛中为使优劣双方悬殊不至于过大而为强者设置障碍和不利条件的情况，在这里是根本不可能出现的。

拥有一流的精神化创新型管理者的一个结果是，为公司精神的培养和发展所付出的努力是以丧失了对生产管理、财务控制和后勤保障为代价的，尤其是后勤问题。公司的全球化程度越高，后勤问题就会越突出，它的重要性也就越明显。

这一问题的关键的是充当探险者角色的人必须是一个创新型的精神领导者，他控制着业务的"外向型"部分，但同时又有一位极有能力的行政管理人员管理着生产、财务和后勤工作。该模式是一个很好的模式，因为它使领导者的言语和命令在组织中处于更加重要和突出的地位，同时又允许他致力于有关公司精神方面的经营与运作。

有的领导者不具备创新能力，而且，他或许不能够创造出以公司精神运作公司所必需的充分的动力。这里重要的是要认识到人的能力的局限性，由于这种创新性是公司发展所必不可少的，因此必须通过让另外一个人来承担此项工作使之得以实现，实际上就是使这一创新型领导者成为公司的代言人或者公司精神的管理者。

最佳的模式则涉及了双重管理结构，它对两个高层管理者都提出了很多很高的要求，他们必须能够共同工作，能够互相尊重，至少在公开场已经实现了增长并拥有稳固品牌的国际化公司，通常是那些其管理者能够全身心投入，且直接参与其全球性发展过程的公司。

合必须能够达成百分之百的默契和一致。如果他们能够满足这些条件，那么公司就既拥有了具有创新性和外向型的人员，又拥有了能够对公司实行持续控制的人员，后者对前者起着平衡性的作用，这是最佳的解决途径。

领导者必须永立潮头

国际化公司已经发展到如此大的规模，以至于各个员工几乎不可能分辨出到底是谁在起着决定性作用，这就迫使管理者去寻找能够显示出员工参与日常业务的方式和途径。玛氏公司的两位创始人每年都要亲临所有的分支机构，以这样的方式向员工们显示公司的高层管理者对他们在公司的日常业务中所作的贡献的关注。已经实现了增长并拥有稳固品牌的国际化公司，通常是那些其管理者能够全身心投入，且直接参与其全球性发展过程的公司。管理者参与独立市场的分析，培养和发展公司精神并根据新产品、竞争及媒介的具体情况进行相应调整。公司精神的领导者对全球市场负责，而分支机构的充当协调部门的角色，分支机构的负责人则成为区域销售经理。

因此，如果领导者想去发展和运作全球化公司，就必须深入地参与到运营之中，其秘诀在于在不影响其他资源的前提下发现这种参与的局限性——这些资源包括为未来产品的开发和研究所付出的精力，为维持未来品牌的同一性所做出的努力，以及为不断培养组织内流入和流出信息的可靠性而花费的时间。

建立一个靠谱的系统

如果高层管理者参与了品牌的培育与发展，那么就要有相应的系统支持，为其提供能够对关键指标进行衡量的依据，以保证领导者能够远距离追随市场发展的动向。对于大多数公司管理者来说，如果不能意识到资源节约的真正含义，他们必将为此付出十分高昂的代价；而只有意识到这一点，公司才能够获得有用的知识和信息，避免被不同分支机构的经理的主观解释所蒙蔽。

系统设立中所存在的问题是，公司需要的外部数据也需要经过各种中介以同样的方式在每个市场上分析，在有些情况下，明智的做法似乎应该是考虑由公司自己承担一部分分析工作。曾经一度，吉列自己致力于所有有关价格以及品牌对价格的影响程度等问题的处理，公司建立了一套追踪系统，用一个盛有每天所需的不同日常用品的篮子来跟踪价格的变化，并以此设定美国市场上适当的价格水平。

《财富》杂志说："很多人都认为，你应该负责你能够负责的事情，吉列坚信消费者价值观念和意识的相对性，如果价格过于离谱的话，他们就会感到自己被敲诈了一笔。"

这个例子说明，吉列认为不断地了解和掌握一种商品的价格与其他商品的关系是多么重要，对于它来说，保持品牌的某一特定的性价比是十分关键的。因此它必须对此进行直接衡量，吉列没有时间去等待传统意义上的销售报告。

另外一个很好的例子是丰田公司，正如我前面所提到的，丰田对消费者满意度进行全球性测评，公司因此而获得了对有关其经销商职能、经销商与消费者的满意状况等方面的直接衡量。在此基础上，丰田对跨越不同国界的消费者满意度进行对比，并以此确定应该设置什么样的规范标准才是合理和可行的。由于这一基本衡量系统的存在，丰田清楚地掌握了消费者对其品牌的热衷程度，它能够因此而满足目标消费群体的具体需求，并很好地了解其公司精神被市场接受的程度。这是一个需要投入大量资源的系统，而另一方面，公司同时又能够拥有对其目标市场和组织的充分的控制权。

第8章
公司精神的推行

推行公司精神的时间表

未来

你是一个旁观者吗？或者是一种干扰？
或者只是冷眼斜视并退避三舍……

——弗里德里希·尼采

实际上，你如何将一个传统型公司发展和转变为以公司精神驱动的公司？

如果公司没有向更高层面发展的需求和意识，则不会有公司精神的产生与形成。任何人都希望能够比其他人更好，任何公司都希望比其他的公司更加出色，而一个动态发展的、其功能能够得到有效发挥的公司将会很容易以公司精神来实现其目标。这种认识将使公司更加具有动力，更加充满活力。

将国际化公司切实转化为一种公司精神型公司意味着公司的有效运转和发展必须从头开始，其差异在于，新的公司精神型公司必须使最初存在的公司与已经发生了改变的组织结构相适应。如果已有的组织被作为发展的起点，那么公司的惯性就会迫使其继续按照与原来基本相同的轨道运行。

推行公司精神的时间表

公司精神推行与实施的时间表：
1. 公司产品体系的内部分析。
2. 在选定市场上的品牌价值分析。
3. 以分析为基础的品牌拓展机会评估。
4. 公司理念的培养和发展。
5. 对公司的整体描述。
6. 确立公司精神，并保证责任履行和行动实施的体系。
7. 对选定市场的测试。
8. 理念和精神的调整。
9. 旧的国际化组织被解体，一个全新的组织在其基础上得以建立。

10. 该组织实现了全球范围内的统一变革。
11. 必须从一开始就让每一个人牢记公司精神。
12. 公司精神的建立在一年内得以完成。

公司产品体系的内部分析

要搞清楚的最重要的一点是，你向市场提供什么以及你想销售什么，是公司？品牌？或二者的组合？再或者你是在销售多种不同的产品？如果是后者的话，就必须进行基本的变革，除非所有的产品都能够一体化为一个便于消费者识别的单一而独立的统一体。你或许不得不将公司划分成不同的业务单位，让它们拥有自己的品牌和精神，就像玛氏公司。尽管在不影响效率的情况下运作多个品牌方面，该模型有其局限性，但是，它却清晰地显现出其最大的经济优势和利益。

图8-1 如果公司不能实现所有的品牌统一，就必须划分为相互分离的业务单位

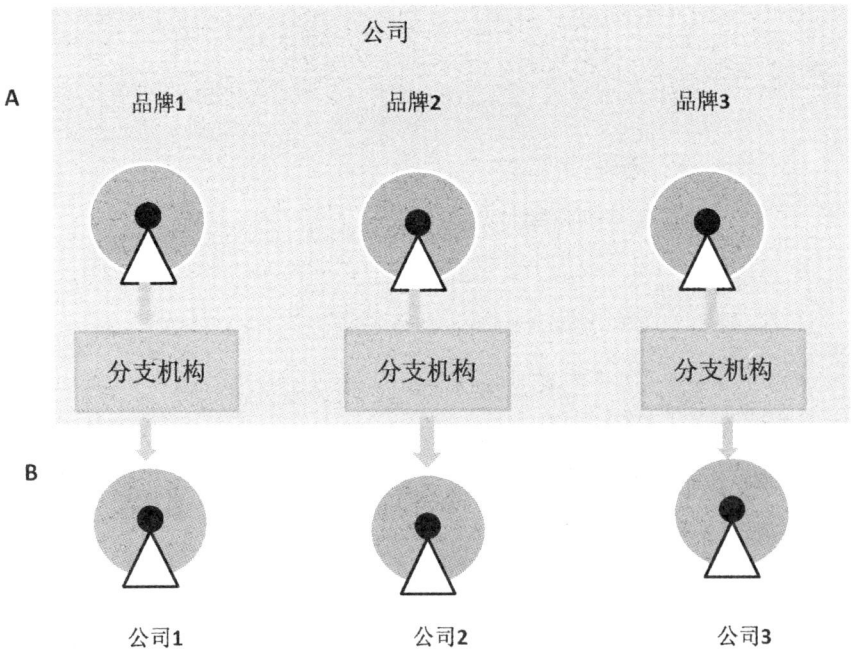

如果每一个独立的品牌之间都具有很大的差异性，那么就很难使公司精神发挥作用。但是，如果能够像可口可乐公司那样，在拥有一个主要品牌的同时，还拥有像芬达、雪碧等其他的小品牌，那么公司精神的有效运作将成为可能，因为此时有主要的品牌精神"可口可乐的精神"在推动着公司。如果能够将全部产品体系都统一起来，或者至少能够将一个主要品牌下的主要产品进行统一，由此汇集资源和真正的投资需求，那么这将是一种十分理想的状态。

为了能够以集中而有效的方式实现沟通，将公司划分为相互分离的业务单位或许是必要的，而关键是在消费者眼中，公司不应该呈现出其分散性。由诸如对相同的产品生产及后勤设施的利用而获得的规模经济能够很容易地得到开发，丰田和凌志就是很好的例证。

你必须以将全部的产品体系统一在一个品牌下为目的，并使其品牌价值与每一个产品相联系，使产品与品牌之间不发生任何冲突。这或许是一个很困难的决定，但是，为了获得强大、稳固而持续的品牌，有些产品的牺牲往往是必要的。

目标市场上的品牌价值分析

品牌链到底有多宽？能够在多大程度上赋予重新确定的品牌以意义？你必须从理念的层面出发，通过对目标市场上目标消费者群体的测试，使这一问题得以澄清，并通过这一分析揭露出，公司对品牌所包含价

图8-2 多种产品，少量品牌

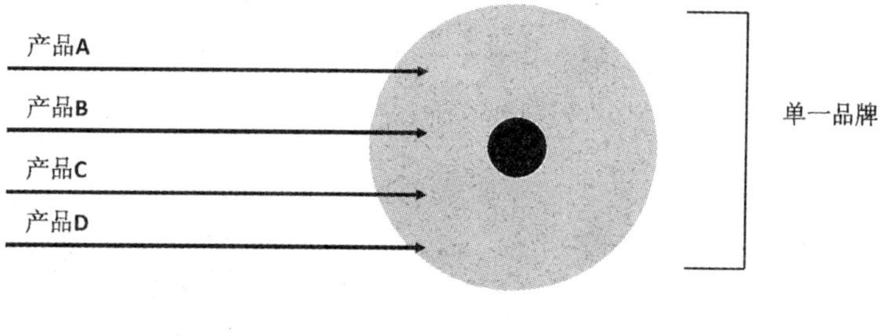

值的认识与消费者对品牌价值的感知是否一致，公司为品牌所赋予的价值是否是影响消费者消费选择的重要因素。同时，你还必须明确，哪种产品能够有效地与品牌链相适应，并识别出那些充塞视听而应该从中剥离出来的产品。

通过这些分析，必须将品牌得以建立的理念的基础框架清晰地展现出来，各个市场之间的差异性以及将所有市场连接起来的价值因素必须从中得以体现。

为了便于集中精力和资源，不同的产品必须统一在一个或少数几个品牌之下。很多公司会做相关的调研，以保证随着产品类型的不断增加，品牌仍然能够保持其稳固性和一致性。在调研中如果发现某种产品不能支撑或强化品牌价值，那么就将其放弃，不允许任何削弱或造成品牌不一致的因素存在。

实际上，不同市场上的消费者倾向于对核心品牌价值具有同等的衡量标准，只有那些核心的外围价值才会因国家的不同而有所不同。如果共同名称的寻求被证明为不可能，那么你就必须再做努力，建立更加广泛的价值内容，或者将完全的全球性品牌的想法稍作调整。

品牌拓展机会评估

这一分析过程或许会告诉你，必须将业务划分为两个品牌进行，或者对你的产品宽度进行重新衡量，这是两个十分重要的决定，类似于传统型国际化公司在毫无控制的情况下的发展，没有这一过程，消费者就无法按照你所期望的那样得到有关公司全部的产品信息。消费者必须了解品牌及其价值，必须与重新确定的品牌发生联系，而其途径要么是公司低价出售商品，要么就是走双品牌之路。

必须对一系列主要市场中消费者对品牌的认知进行分析，这种分析必须能够说明，在消费者进行品牌选择时认为重要的价值、消费者赋予

图8-3 消费者对品牌价值的认知

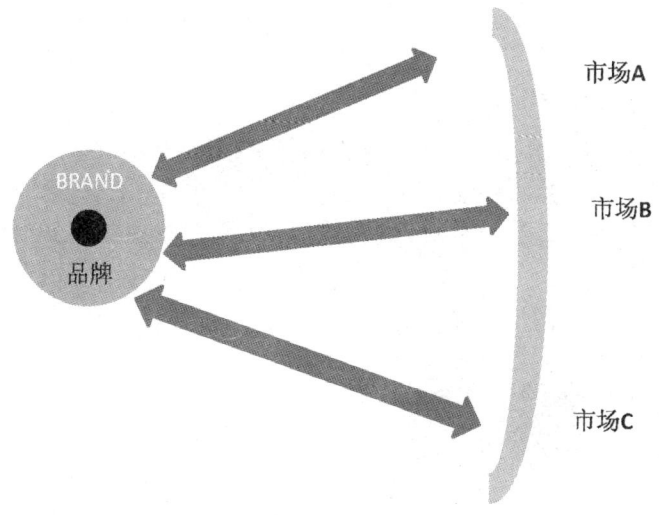

品牌的价值以及公司试图赋予品牌的价值之间是否相互吻合和关联。

如果选择了双品牌，你就必须认真细致地考虑，是否能够获得将两种品牌渗透到国际市场的充分资源。如果采用一种中庸的解决办法，同时保有一个主要品牌和一个次级跟从型品牌，那么这一点必须在组织内澄清，以保证它们的资源优先获得权。当然，小一些的次级品牌也必须能够得到足够和适当的支持，但谁也不应该忘记是哪个品牌在充当着收入发动机的作用。

公司理念的培养

在明确了公司是否必须与品牌相互融合的问题之后，就要确定：哪种品牌价值具有市场优先性？品牌链能够达到多大的宽度？哪种产品可以保留？公司能否具有形成公司理念核心的品牌使命？

首先，应该确定公司的目标以及如何实现这一目标的使命，其部分内容涉及什么样的公司理念将带领公司达到所期望的目的的问题。其次，

图8-4 公司理念的培育

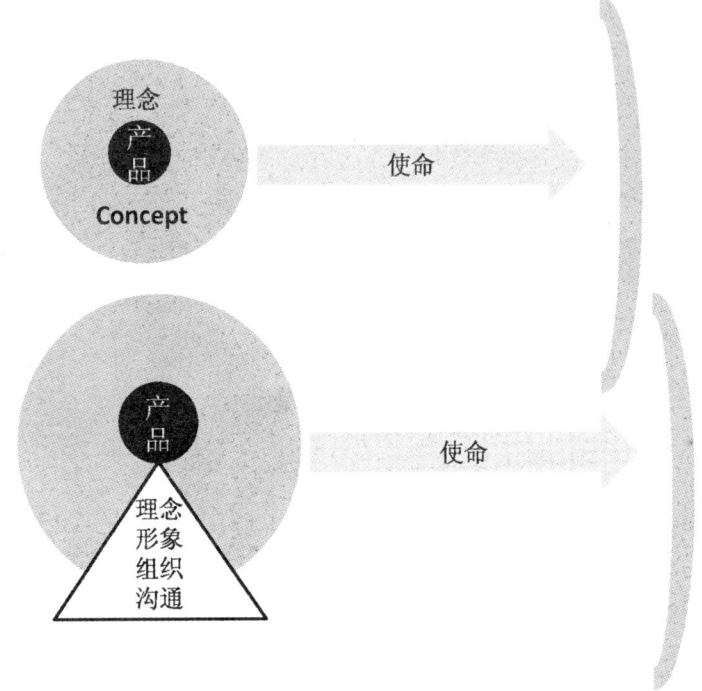

需要明确什么样的产品和理念与获得某一特定市场地位的目标相符合。千万不可想当然,这样的考虑会给你提供最好的分析素材,并能够使最佳的新思维形成。

大多数公司都拥有特定的市场地位和它们赖以生存的产品,但还是让我们来看一看卡尔森的做法,他对北欧航空公司的重新定位是一个闪亮的代表。在其理念的培育过程中,整个的思想都是为了实现理念向更高层面上的发展,让其达到尽可能高的品牌参与度,因为消费者的品牌参与度越高,品牌价值就越大,品牌地位也就变得越稳固。正如很多案例中所反映的,参与度的不断提高能够直接创造更大的利润,因此,你必须不断加强品牌的理性价值和情感价值的建设,并获得尽可能高的品牌参与度。在发展阶段,将品牌目前的地位暂且搁置在一边,关注品牌所能够提供的各种可能,给自己以一定的空间,也正是在此时,创新型领导者才真正认识到了自己在公司中的地位。

公司理念的培养与传输应该按部就班：当品牌理念和使命已经确定时，它们就会直接影响到公司的形象、组织的沟通以及公司理念。

正如我已经提到的，公司必须从产品导向型转向使命驱动型。使命是公司行动的向导和指南，因为它规定了较为宽泛的品牌价值，明确了将要创造高参与度和丰富品牌价值的内容。公司需要认识到这一点：如果想在参与度轴线上上升得更高，就要拥有一致的理念，拥有品牌和公司能够共同发展的理念，今天的消费者已经变得更加理性和明智，不会受空洞而乏味的语言的愚弄。与单一独立产品所能够提供的品牌相比，消费者能够获得的品牌范围更加宽广，当公司对自己进行重新定位时，就像北欧航空公司的做法，很关键的是，管理者不能满足于一个新的目标或新的公司理念的形成，它的发展必须是全方位的，所有环节都应包括在内。

对公司的全面描述

公司理念的形成与呈现说明公司已经走过了一段十分漫长的历程，但最终的目标是要形成对公司的完整描述，它必须将公司的内在本质与公司的外部形象很好地统一和融合起来，而外部市场定位是其起点，它将整个公司与其所期望传输的品牌价值联系了起来。

这个过程涉及公司的个性化特征及其培养和发展，此时真正起作用的是公司的核心精神和信仰，而不是产品及包装。许多公司将其部分的努力倾注于此，但却很少能够创造出将整个公司统一在一个与市场保持与价值相关的精神化沟通和对话的状态下的一致性公司精神。在某些特定的环境下，一个公司内同时拥有不同的文化或许是合适的，这取决于与市场进行主要接触的是产品生产部门还是销售部门。但有一点必须清楚，谁更了解市场，谁更具有为未来开发新产品和寻求新的解决办法的愿望。如果公司真正经营和出售的是一种建立在与对产品的认知完全不同的基础和角度上的方法或理念，那么，公司是否受自省型文化的驱动就无关紧要了。

失衡可以扼杀一个公司，因此，拥有对市场地位的全面理解，明确如何保持公司在统一领导下持续前进十分重要。必须清楚地了解由公司的不同部分所反映和传递出来的价值，如果内部定位与外部定位之间存在不平衡，就必须及时进行决策以对此进行纠正，而绝不可视而不见。这有点像演戏，每个人都扮演着不同的角色，为了取得最佳的效果，他们必须能够将角色的内在通过表演反映出来，但首先剧本本身必须已经完成，并完成得很好，这需要一个出色的策划、一个优秀的导演，还要有足够的勇气，以及大量责任与义务的履行。

公司精神的确立以及为保证责任履行与行动实施而建立的系统

> 公司精神必须成为财政金融方面的辅助和补充管理规则，它应该能够使每一个员工每天都在思考："我为公司的精神建设作出了哪些贡献？"

在大多数情况下，公司精神在理念和使命形成阶段会自动确立，然而有时，在公司期望能够用以运作公司的公司精神与品牌理念之间却缺少必然的联系，最简单、最有效的部分是为高级管理层设立使命，并以此进行相应的管理。对于要发展成为像北欧航空公司那样具有凝聚力的公司来说，为了使每个人都能够理解和掌握其内容和含义，必须使公司精神形式化和正规化，高层管理者必须对这一信息进行传输。绝对不能把公司精神视为某种崇高而深奥的目标高高挂起，而必须将其转化为每个员工的具体行动。

公司精神的精髓在于将人性因素引入能够反映强大的国际化组织特征的非人性化的系统之中，公司精神必须成为财政金融方面的辅助和补充管理规则，它应该能够使每一个员工每天都在思考："我为公司的精神建设作出了哪些贡献？"

由于统一理念的存在，信息在消费者与成为权力中心的母公司之间自由流动，使得同样的目标群体受到市场的影响。

大多数高级管理者收集并处理了很多的数字，甚至阅读了更多的报告和资料，但我却从来没有见过他们从这样的统计资料中得到过什么结论。如果事态总是这样的话，那么我估计这样的管理者将无法在公司的管理长廊中更加深入和持久地走下去。在每一个负责人办公室的墙上都应该

图8-5 价值型增长的管理

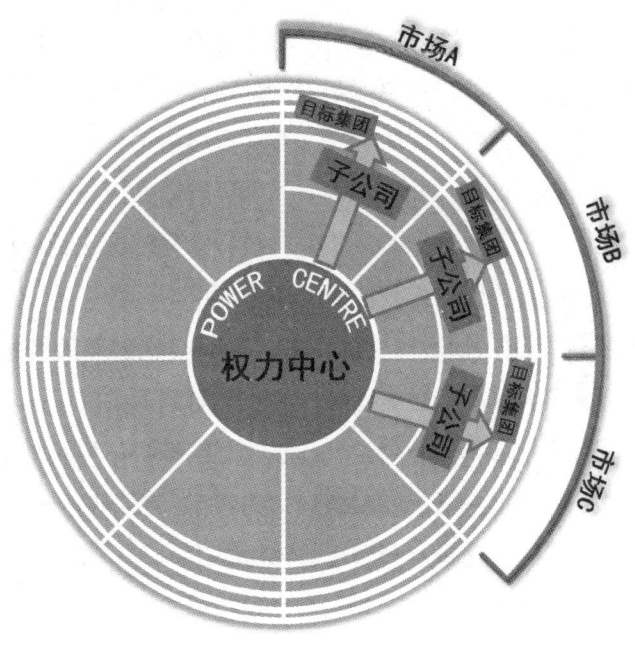

钉一句话："财务化管理是一种由来已久的习惯。"想要将公司精神渗透到整个组织的管理者，必须真正地强迫自己为此付出与对待数字分析和财务报告制度所付出的同样的努力。

本书的写作意图是希望管理者能够将精神化管理列入工作日程之中，如果公司处在分析和研究这一问题的阶段，那么整个的运动和发展过程都将继续，直到公司精神得以形成。这一精神必须由高层管理者进行传播，一直到达每一个人。为了实现责任的履行，拥有清晰而明确的目标和有形的精神型管理是十分关键的，这种运作型管理体制的建立是为了公司精神的形成，并保证对实施过程的正确控制。同时，组织必须借助教育和培训沿着正确的方向前进，这是许多公司的困难所在，因为它们往往会想当然地认为一切的良性发展都会自发实现。在组织内必须有明确的责任，这样才会促成与公司精神相适应的行动的展开，分设在各个国家的分支机构才不会回到它们原先的习惯之中。

为了保证责任的履行和行动的实施，从公司高层到市场一线的坚实管理是十分必要的，当信仰从高层管理者转移到整个公司并产生责任和具体行动时，公司精神的理念就将获得其价值，而那些了解如何对其进行组织的管理者就将能够创造出具有凝聚力的公司。一个多年来忠实而热忱地追求公司精神的凝聚型国际化公司将很可能取得成功，因为它本身已经成为市场上一个强健的因素。长期计划对于保证行动在组织以外的市场上得以展开十分重要，它可以实现行动的及时执行，可以保证针对目标群体所开展的活动和所付出的努力得到控制和监督。

打破传统的国际化组织形式体现在控制与实施的及时性方面，控制和及时实施节省了大量花费在官僚体制和无谓争端上的时间，扭转了由销售统治公司而对产品促销过于关注，却忽略了目标群体中品牌地位建设的局面。以追求安全的财务指标和财务结果为目标，而不是以创造公司未来的市场地位为目标的管理是目光短浅的狭隘做法。

目标测试市场的检验

变革的势头永远不可阻挡。国际化公司的组织重组是一个重大而关键的决策，新的理念和新的公司精神必须首先通过目标测试市场的检验才能最终决定。这种检验的困难在于，在测试阶段，新的理念是否能够在目标群体中得到充分的渗透和蔓延。尽管如此，这一困难可以通过对公司精神的有效性和功能进行精确的估测加以克服。

成功取决于几个因素：与新的品牌价值和尽可能更宽泛的品牌链相同，理念本身必须得到检验，而在大约需要花费两年时间的整个公司的重组尚未真正完成之前，对新的品牌价值的充分衡量以及对品牌链宽度的全面估量显然是不现实的。

> 当对新的理念和新的公司精神的检验结果被充分认识后，就需要对理念和公司精神进行必要而适当的调整。

理念与公司精神的调整

当对新的理念和新的公司精神的检验结果被充分认识后，就需要对理念和公司精神进行必要而适当的调整。在尚未寻找到针对品牌和公司正确的解决办法之前，你绝对不能将过于巨大和频繁的变革强加给公司，变革的发生应该是经过认真、缜密的思考后的理性行为。与其推行一种不成熟的方法，不如将事态调整得顺畅一些。

旧有国际化组织形式的废除

> 辞退的对象将公司精神的培养团队中最好的分支机构的老板们也包括在内,并给予他们在新的组织中以同样的责任和权利范围。

试图以公司精神来运作现有组织的做法将是一个错误。如果在一个全新的、已经优化了的组织内尚不具备适当的运作框架和体系,那么你惟一应该关注的将是公司存在的问题,分支机构将继续保持其以前的状态,母公司与市场之间仍保持着较大的距离。

向公司精神驱动型公司的成功转变只有在旧有的组织结构被打破、新的组织结构得以彻底建立的情况下才能够实现。分支机构的角色和地位必须改变,它必须从自治型的独立实体,转变为在受公司精神控制的全球化品牌中起协调作用的单位。

在推行公司精神的控制型组织内,分支机构的地位必须稳固。必须按照从非同一性的国际化组织到同一性的国际化公司的转变步骤执行这一过程,这样才能保证市场的完全一体化。从中心化品牌核心到市场消费者,一切都必须以一种连续、一致而有控制力的过程连贯起来,而需要维持的,就是保障制度和体制的建立,以及尽可能有效地发挥其职能。

在此过程中,你或许不得不辞退那些无法适应新的体制和结构的员工,这对于分支机构的老板们来说尤其困难,同时也会使国际化经营的高层管理者为此而感到紧张和不安。据我推断,能够实现这一转变的方法只有一个,辞退的对象将公司精神的培养团队中最好的分支机构的老板们也包括在内,并给予他们在新的组织中以同样的责任和权利范围。起初,可能会

图8-6 公司精神在第一年得以形成

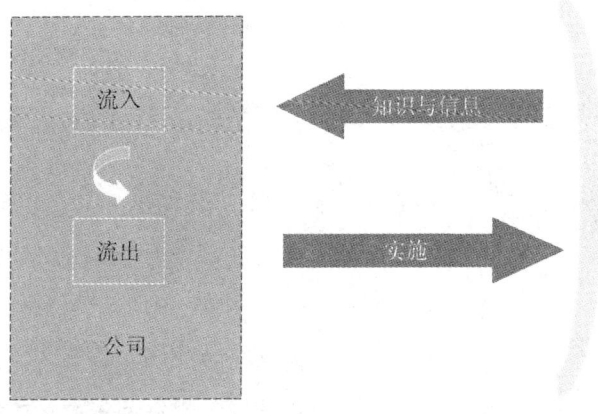

出现合格人员短缺的现象，而这完全是一个关于跨区域利用资源的问题。

组织结构的同时转变

由于必须要对公司的许多资源进行开发并针对新功能的设置进行重新分配，新的组织形式因而也必须进行相应的调整。很显然，只有在这一切都同时发生时它才能够实现。在短期内这将带来突然的恐慌和阵痛，但同时也会激发大量的动力和激情。奥迪康于1990年就发现了这一点，那时，公司总部被彻底根除，所有的员工都对工作有了新的认识和态度。从那一天起，原则上没有人再拥有固定的工作，相反，工作的获得取决于个人在已经精心设计好的工程和项目中所体现出来的能力。这曾经一度制造了一些挫折和麻烦，并引起了一场混乱和动荡。但同时不可忽视的是，一个恢复了活力的、动态发展的组织傲然地出现在人们面前，直到今天，它仍然以一种凝聚的潮流不断开发和研制着新的产品，并以这种聚集的力量带领和主宰着它所在的领域。奥迪康的事实表明，如果一切都细致入微地计划到了任何一个最渺小的细节，如果能够借以运作新的组织的体系和制度得以建立，那么就能够对组织进行十分显著和巨大的变革。虽然在计划的过程中或许将涉及大量的工作，但这绝不足以也永远不能成为不推行这一变革的理由和借口。

须从一开始就让每一个人深知公司精神

在变革阶段，公司精神的领导者必须是高度可见的，乐观或理想一些讲，为了保证新的理念的推行和实施，他必须腾出整整一年的时间为此而努力。许多员工都将被分配到新的任务并获得新的权利，这就是综合的内部培训计划的必要性所在。它的推行工作从一开始就进行是十分重要的，这样才能使组织经历这种新的动态过程，而这一过程本身就是一个成功的衡量标准。所有有形的结果都必须在广为传看的新的内部媒体上进行报道，以便人人都能看到这种新模式的运作。信息发布者可以是高层管理者，也可以是消费者，或者两者兼而有之。为了不引起误解，管理者必须对新的理念进行传输和诠释，而当第一份消费者调研报告形成时，必须通告每一个人，通过这种方式，公司会迅速变得结构合理、管理清晰。如果实施的结果与必要的信息和知识能够在整个组织内广泛传播，那么每个人都将为此而大受鼓舞和激励，公司精神将得到持续的维持和拥护。

> 很有必要在一年内就建立起所有主要市场与核心发展职能之间的密切联系与接触，因为这样，才能够保证受到严格控制的实施过程顺利进行。

公司精神的建立在一年内完成

很有必要在一年内就建立起所有主要市场与核心发展职能之间的密切联系与接触，因为这样，才能够保证受到严格控制的实施过程顺利进行。

所有体系的建立都服务于主要系统，这一过程的推行需要许多资源，而从引入公司精神的那一天起，其焦点就聚集在此的公司往往拥有丰富的资源。同时，这些资源在公司中又有它们自己各自不同的用途。大多数公司错误地认为，为信息的流入配置资源是多余的，而正如我们所讨论过的，信息流入是对品牌进行正确控制的关键，是保证外部行动得到实施的关键。

关键的要素之一是各个独立市场中的具体实施问题，此时，教育和控制是将销售引向正确方向的必要手段。由于销售的根本职能主要表现在对销售量的追求上，销售人员是该过程的主要实施者和核心，因此，教育和控制成为很多公司所面临的所有困难中最大的困难。在此背景下，这些原本同为销售量而努力的公司将要在完全不同的目标驱动下执行不同的核心化行动，销售人员的业绩将以消费者对品牌的认知和态度加以衡量，而他们也已成为更庞大的营销机器上的齿轮，其核心职能在大多数情况下将是不断转换的。他们将在很大程度上受到控制，这虽然可能会引发强烈的反抗和对立情绪，但是，行政成本的下降会使多数人

图8-7 未来的组织结构

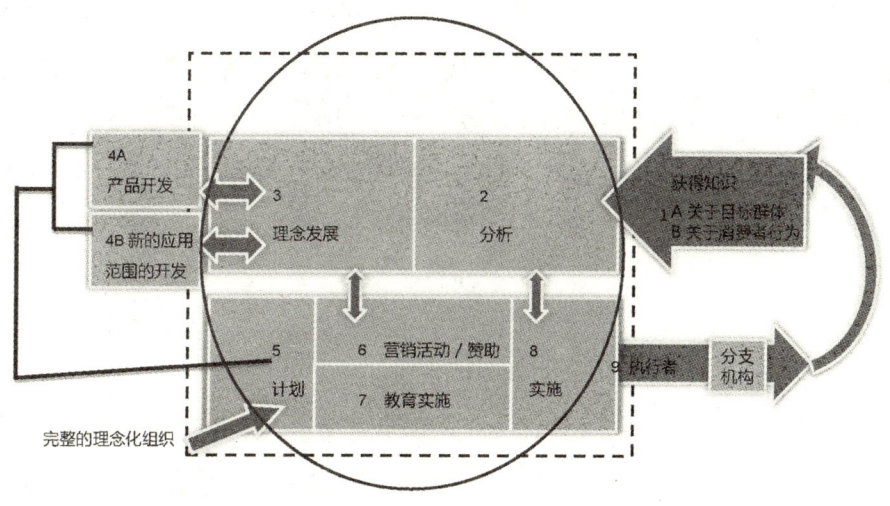

> 公司精神的实行对于公司的最大贡献在于削弱并减少母公司与各分支机构之间的消极的、毁灭性的影响。

的态度立即发生改变,他们会自觉地与更高层面上的消费者导向型理念相适应,并采取相应的行动。通过在市场上推行比你已经熟识的渠道高得多的层面上的行为方式,你能够更容易地将公司领向正确的方向,而后勤保障是成功的根本条件。

对于向精神驱动型公司转变的过程也是一样,如果建立不起适当的系统,如果该系统无法运转,那么整个机器都将陷入瘫痪。回顾一下大多数成功的公司,你会发现,它们都建立了控制品牌和组织的出奇有效的体系。在可口可乐公司和麦当劳公司,一切问题和差错的滋生都没有机会,公司具有对一切的绝对控制力。掌握了高级管理层应该具备的所有知识和条件,你就能够更加有效地实现对公司的控制。

尽管不可能立即完成全新的组织结构的调整与转变,但公司必须迅速进入公司精神的培养及形成。为了保证这一战略的实施,保证市场行动的具体执行,从一开始,就必须为数据的收集和分析配置必要的资源。

系统与制度一旦建立,公司精神一旦进行了调整,全球化品牌一旦得以运行,你就将收获这一战略的丰硕成果:由于对组织相当程度上的精简而开发出来的资源可以重新分配到对市场适应性的调节上,分配到新产品的开发与应用方面,以及分配到对市场的不断培育上。公司精神的实行对于公司的最大贡献在于削弱并减少了母公司与各分支机构之间的消极的、毁灭性的影响。通过它在直接市场上的应用,你可以对目标群体以及更具一致性的品牌施加更多的影响力和感染力，而这将最终产生显著的规模经济效应。如果公司能够维持良性运转以保持持续发展，你便可以开始对品牌进行最优化，并能够寻求适合公司精神的新市场，那么现在你就又具备了对公司充分的控制权。下一个目标应该是获得对市场的控制权，借助于公司精神的力量实现成功运作的公司也将把其品牌转化为品牌精神。

未来

在我写作本书的过程中，有一点已经变得相当清晰：最成功的公司，各自以这样或那样的方式，都为自己创造了一个可靠而坚实的平台。

这些公司都具有稳定的一致性，具有能够将公司推动向前，能够为消费者创造出比竞争对手更多价值的精神上的信仰。这些公司相信它们自己，它们能够很好地利用这些态度、观念和价值。我认为，这些态度、观念和价值正是它们公司精神的基础，它们以这些态度和观念来影响公司，而不是以技能来影响公司。已经获得了对其定性化价值的控制的公司，是那些获得了最广泛尊重和最忠实信赖的公司，它们在充沛的精力和激越的活力下不断发展，它们永远处于未来发展的前沿。

我的建议是：目前就从定性化指标入手——包括品牌方面的和内部组织方面的，但千万不能让它以委员会的形式进行，这一定是高层管理者最重要的任务。

将来，我们会看到这样一些现象：

● 品牌价值的估量将会越来越多地以其非物质价值和情感价值为基础。

● 品牌延伸将具有另一种含义，我们看到的将会是非物质价值和情感价值的拓展和延伸，它意味着这种延伸将跨越更广阔范畴内的产品类型。

● 更多的显著核心化公司的出现。

- 以知识为基础的公司将在B to B型市场中以汹涌之势层出不穷。
- 分支机构将作为国际化公司的一个一体化部分，从自治型实体转化为具有协调作用的单位。
- 消费者将会对他们所选择公司的理念和价值提出越来越高的要求，如它们是谁？它们代表着什么？它们自己需要什么？它们在哪些方面做得出色？
- 由于将公司分解为太多不同的权力中心，许多大型国际化公司都将因此而惨遭失败。
- 将会出现高层管理者的角色转化，他们将从簿记员转变为指挥官。同时，伴随着资源的重新配置，更多的资源将被用在最重要的和最急需的环节中：平稳而安全地将公司带向未来。
- 对具有远见和敏锐洞察力的管理者的需求将会十分巨大。
- 市场导向将会被未来导向所取代。

未来的胜利者或赢家将是言行统一和可信赖的，他们同时拥有能够推动公司以核心凝聚力的发挥而向前发展的精神信仰，并能够为消费者、员工及其股东创造真正的价值。稳固的公司精神及品牌精神的形成的意味着稳固的增长，但切记，精神能够成为强大的推动力——必须对其加以严格而谨慎的控制，这将成为下一个主要的商业挑战。